cowboys

Vaca y ternero de raza *hereford*

Cuatro cuartas (látigos) de cuero y piel sin curtir trenzados

Cowboy canadiense vestido
para enfrentarse a una tormenta

Cowboy moderno a
lomos de un caballo *quarter*

Silla de cuero labrado
con el arzón delantero
en forma de «A»
fabricada en Nevada,
EEUU, en los
años 40 del siglo XX

Relojes
de bolsillo

Herramientas del talabartero tradicional

Cowboy tejano
del siglo XIX

Marca de
La Camargue
francesa

BIBLIOTECA VISUAL ALTEA

cowboys

Pistolera
antigua de
cuero con un
Colt 45

por
David H. Murdoch

Fotografías de
Geoff Brightling

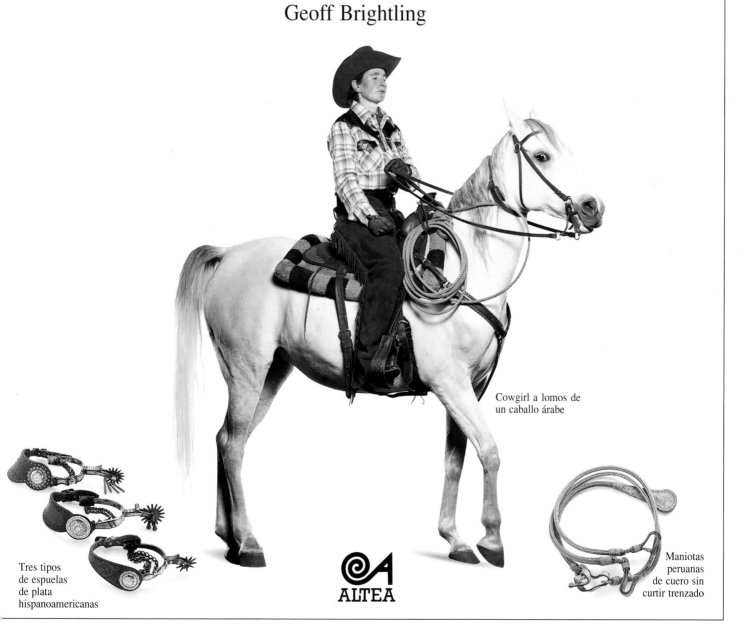

Cowgirl a lomos de
un caballo árabe

Tres tipos
de espuelas
de plata
hispanoamericanas

Maniotas
peruanas
de cuero sin
curtir trenzado

ALTEA

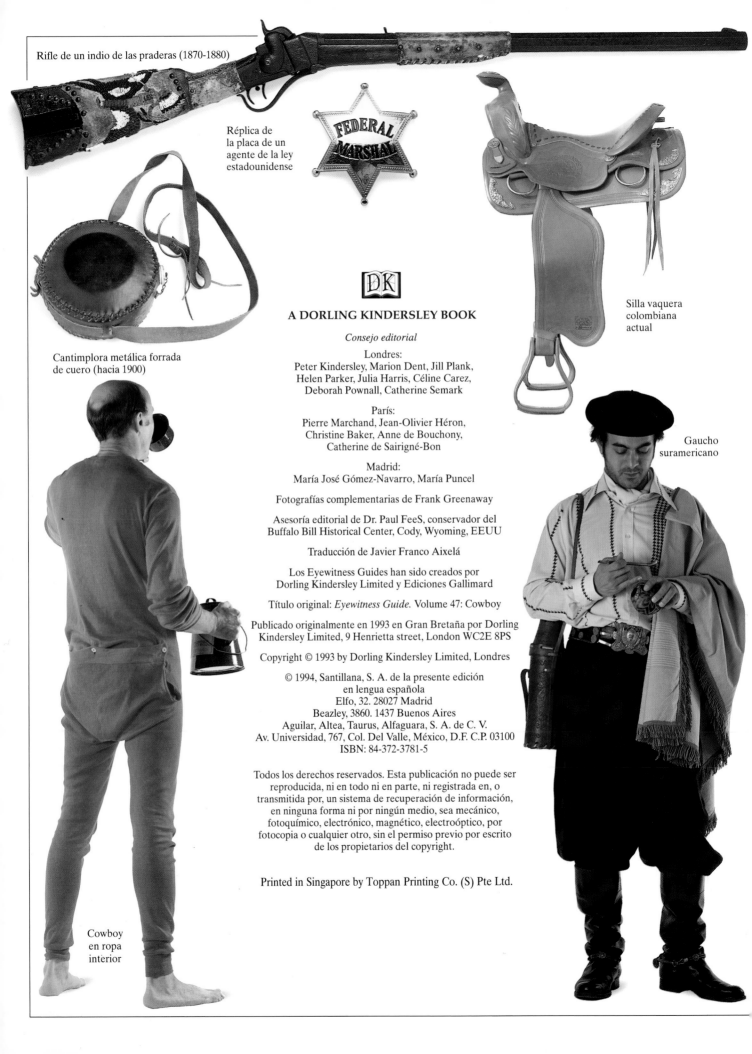

Rifle de un indio de las praderas (1870-1880)

Réplica de la placa de un agente de la ley estadounidense

Cantimplora metálica forrada de cuero (hacia 1900)

Silla vaquera colombiana actual

DK

A DORLING KINDERSLEY BOOK

Consejo editorial

Londres:
Peter Kindersley, Marion Dent, Jill Plank, Helen Parker, Julia Harris, Céline Carez, Deborah Pownall, Catherine Semark

París:
Pierre Marchand, Jean-Olivier Héron, Christine Baker, Anne de Bouchony, Catherine de Sairigné-Bon

Madrid:
María José Gómez-Navarro, María Puncel

Fotografías complementarias de Frank Greenaway

Asesoría editorial de Dr. Paul FeeS, conservador del Buffalo Bill Historical Center, Cody, Wyoming, EEUU

Traducción de Javier Franco Aixelá

Los Eyewitness Guides han sido creados por Dorling Kindersley Limited y Ediciones Gallimard

Título original: *Eyewitness Guide.* Volume 47: Cowboy

Publicado originalmente en 1993 en Gran Bretaña por Dorling Kindersley Limited, 9 Henrietta street, London WC2E 8PS

Copyright © 1993 by Dorling Kindersley Limited, Londres

© 1994, Santillana, S. A. de la presente edición en lengua española
Elfo, 32. 28027 Madrid
Beazley, 3860. 1437 Buenos Aires
Aguilar, Altea, Taurus, Alfaguara, S. A. de C. V.
Av. Universidad, 767, Col. Del Valle, México, D.F. C.P. 03100
ISBN: 84-372-3781-5

Printed in Singapore by Toppan Printing Co. (S) Pte Ltd.

Gaucho suramericano

Cowboy en ropa interior

Sumario

Botas usadas
de un cowboy
estadounidense
(hacia 1920)

¿Qué es un vaquero?

LOS VAQUEROS SON HABITANTES DE LA FRONTERA. En cuanto se comenzaba a criar ganado en cualquiera de las enormes praderas del mundo entero por las que galopaban los caballos salvajes aparecían los vaqueros, que vivían y trabajaban más allá de la seguridad de las zonas habitadas y de las comodidades de la civilización. Esta tarea, que atraía a hombres independientes y seguros de sí mismos, exigía valor y resistencia. Por ello precisamente, los vaqueros creían que su labor los distinguía de los demás y se enorgullecían de su modo de vida. A veces las autoridades y los habitantes de las ciudades no estaban demasiado de acuerdo. En los Estados Unidos y en Argentina, los cowboys y los gauchos tenían reputación de salvajes y peligrosos. Sin embargo, en ambos países han acabado por simbolizar unos valores que despiertan la admiración de la nación entera. Este proceso tal vez haya llegado más lejos en los Estados Unidos, donde el cowboy se ha convertido en el centro de un mito construido alrededor de la idea del «Salvaje Oeste». El cine de Hollywood ha mantenido este mito con vida, pero los cowboys —y las cowgirls— de las películas del Oeste (págs. 58-61) proceden de un mundo fantástico que nos dice poco de la vida real en las praderas.

Los jinetes que conducían los rebaños en las llanuras suramericanas (págs. 48-51) recibían distintos nombres: gauchos en Argentina y en Uruguay, llaneros en Venezuela y guasos en Chile, pero todos ellos compartían un mismo amor por la independencia.

En el imperio romano, a los que cuidaban de los rebaños se les llamaba *buteri*. El nombre ha sobrevivido, pues en la actualidad al vaquero italiano se le llama *buttero*. Este jinete suele montar el *maremmana*, una raza especial de caballos que se cría en la Toscana (centro norte de Italia). El *maremmana* no es muy veloz, pero se le aprecia mucho por su resistencia y su carácter sereno y tranquilo.

Un *gardian* a lomos de su caballo blanco de La Camargue

En las marismas del delta del Ródano, en el sur de Francia, viven los vaqueros de La Camargue (págs. 52-55). Bajo el nombre de *gardians*, llevan siglos criando toros negros para la lidia y aún continúan cabalgando sobre los extraordinarios caballos blancos de la zona. Los *gardians* están orgullosísimos de sus tradiciones.

Las tribus guerreras del norte de África eran expertas en el arte de la equitación. Tras su conversión al Islam, lanzaron una guerra de conquista hacia Europa y, tras tomar la península Ibérica, su implacable avance se detuvo finalmente en Francia en el año 732. Los árabes montaban caballos berberiscos, famosos por su resistencia y gran velocidad en distancias cortas. Los caballos berberiscos se cruzaron con los españoles (págs. 12-13), dando lugar a la raza andaluza, que tanta influencia tendría sobre los caballos del Nuevo Mundo.

El poderoso *mustang* es un caballo ideal para la cría de ganado

Silla de montar
californiana
con el arzón en
forma de «A»
(hacia 1870)

Los cowboys estadounidenses (págs. 18-19) son los más famosos del mundo
a causa del papel que supuestamente desempeñaron en el Salvaje Oeste.
En realidad, su trabajo era duro, a menudo monótono, a veces peligroso y
siempre mal pagado. Todo ello, junto con la brevedad de los buenos tiempos
de crianza de ganado en los Estados Unidos (1866-1887), supuso que la
mayoría fuesen jóvenes. Muchos de ellos eran de origen europeo, pero con
frecuencia se ha ignorado la importancia real de los cowboys
mejicanos, negros e indios. Probablemente no fuesen más
de 35.000 los vaqueros que condujeron los
rebaños por los caminos (págs. 38-41)
o que cabalgaron por las praderas.

La montura de los cowboys
era normalmente un *mustang,* raza descendiente
de caballos andaluces que se habían escapado y
vuelto salvajes (págs. 12-13). Su nombre procede
del español «mestenco», que significa «sin dueño
conocido», y son animales seguros, duros y
veloces. En el siglo XX los *mustangs* empezaron
a sufrir una caza indiscriminada para utilizarlos
como comida para perros, hasta que, finalmente,
en 1970 pasaron a ser una
especie protegida por la ley.

La *puszta,* la gran
llanura de Hungría,
es la patria del
csikosok, el vaquero
húngaro. Los *csikoski,*
famosos por su habilidad
como jinetes, se encargan de
conducir tanto las manadas de
caballos como los rebaños
de reses pardas y de largos
cuernos propias de la zona.
Su vestimenta, azul para los
encargados de los caballos y
blanco para los que se ocupan
de las reses, goza de una gran
tradición, al igual que sucede
con el uso de sus largos látigos.

Concha
de plata

En América, la crianza de ganado
en ranchos comenzó en México,
la primera zona del continente
que colonizaron los españoles
a principios del siglo XVI. Los
terratenientes charros y sus vaqueros
(págs. 8-11) desarrollaron unas
habilidades y formas de trabajo
que más tarde adoptarían los
cowboys estadounidenses.
Su influencia es
patente en los
muchos términos
de origen español
que existen en
la jerga vaquera
inglesa.

Cowboy con zahones
o chaparreras en forma
de ala de murciélago

México: charros y vaqueros

LOS COLONIZADORES ESPAÑOLES DE MÉXICO llevaron a principios del siglo XVI reses de cuernos largos y caballos andaluces a un continente en el que no había nada parecido. Muchos de los colonos se dedicaron a la ganadería, una ocupación que además de «honrosa» era rentable gracias a la enorme demanda de pieles, cuernos, sebo y carne. Para 1848, cuando México perdió grandes territorios a manos de los Estados Unidos, los ranchos se habían extendido por Texas y California. A los ricos terratenientes charros les gustaba hacer ostentación de sus riquezas mediante adornos de plata, que procedía en su mayor parte de las grandes minas de Zacatecas, en el centro norte de México. Las técnicas ganaderas de los vaqueros pasaron de México a toda América, mientras que los caballos huidos o cimarrones, mestencos, se convirtieron en los *mustangs* de los Estados Unidos y los criollos de Argentina.

Los charros a veces importaban sus monturas de los EEUU, como en el caso de este palomino de silla, una robusta raza del estado de Kentucky capaz de recorrer enormes distancias sin cansarse.

Los tapaderos, largas cubiertas en forma de cuña que llevan los estribos, sirven para proteger los pies del jinete de golpes, zarzas y posibles mordiscos del caballo.

Pistolera con borde de cuero sin curtir que contiene una lujosa versión de un *Colt 45* modelo de 1872 con placa de plata en la culata y correa dorada

Compleja ornamentación de animales fantásticos y serpientes

Cruz de barras anchas

Los estribos, que comenzaron a usarse en Europa en el siglo VIII, eran esenciales para que los jinetes fuertemente armados pudiesen mantenerse sobre sus sillas, pero los nómadas asiáticos y los indios norteamericanos luchaban sin ellos. Es probable que estos estribos de hierro perteneciceran a algún colonizador español del siglo XVI. Su forma de cruz sofisticadamente decorada evoca el papel desempeñado por su jinete como soldado cristiano.

Cuerno con forma de casco de caballo invertido

Decoración de plata maciza sobre el arzón trasero

Los tapaderos más clásicos son largos y estrechos

Esta magnífica silla charra la hizo alrededor de 1870 el talabartero (artesano del cuero) David Lozano en Ciudad de México. Los relieves artísticos, las costuras con hilo de plata, las conchas bañadas en el mismo metal y la plata maciza del cuerno y del arzón trasero nos sugieren que en otro tiempo debió de pertenecer a un rico hacendado.

Vista trasera de un charro a caballo

Perilla acolchada

Asiento de ante

Respaldo de apoyo

Cuero profusamente trabajado con relieves de escenas rústicas y diseños florales

Concha de plata

Monograma de plata sobre el estribo

Cuero estampado y labrado con diseños ornamentales

Desde principios del siglo XVII, las mujeres, condenadas a llevar largas y pesadas faldas, sólo podían cabalgar utilizando una silla lateral llamada de amazona. Esta silla mejicana de amazona, de finales del siglo XIX, lleva en el lateral izquierdo un respaldo de apoyo del que cuelga una alforja, así como un único estribo a la derecha. Con el pie derecho en el estribo, la amazona doblaba la rodilla izquierda alrededor de la perilla acolchada y apoyaba el pie izquierdo sobre la rodilla derecha (en realidad es mucho más seguro de lo que pueda parecer). El asiento de ante y la sofisticada decoración nos indican que la propietaria debía de ser muy rica.

Vista desde el lateral izquierdo

Alforja

Silla de amazona mejicana de finales del siglo XIX

Vista desde el lateral derecho

Estribo incorporado como parte de la silla

Sombrero de ala ancha
hecho con fieltro negro
para protegerse del sol

Brida
profusamente
decorada con
adornos de plata
para hacer juego
con la silla

Chaqueta
y pantalones
de ante marrón
de primera
calidad

Pañuelo
de algodón
elegantemente
tejido

Camisa de grueso
algodón con bordados
en la pechera

Los artesanos británicos conocían el incremento mundial de la cría de ganado en el siglo XIX. Esta ilustración de un vaquero hispanoamericano preparado para cualquier tipo de faena procede de *Las sillas de todas las naciones*, un libro que publicó Thomas Newton para anunciar sus productos. Newton, que murió en 1889, heredó a los diecisiete años el negocio de bocados, espuelas y estribos de su padre y se convirtió en el primer guarnicionero o talabartero (fabricante de sillas de montar) de Walsall, que está en el centro de Inglaterra.

La doble capa de cuero
robustece mucho
la silla, aunque
también la
encarece mucho

Esta silla de cuero
hecha a mano pesa
25 kg y lleva
una sofisticada
ornamentación de
plata sobre el
cuerno, el arzón
en forma de «A»
y la garganta.

Conchas de
plata labradas
a mano sobre
petral a juego

Corona, sudadera
o mantilla blanca
y negra

Tanto la vestimenta como la guarnición de los charros eran
prácticas al mismo tiempo que mostraban su rango social.
El charro heredó su gran maestría hípica de sus ancestros españoles,
que acudieron a México en compañía de los primeros exploradores,
como Hernán Cortés (1485-1547). Los que trabajaban en las enormes
haciendas o ranchos de los ricos charros recibían el nombre de
vaqueros. Debido a su pobreza, no poseían tierras y probablemente
ni siquiera un caballo, pero fueron ellos los que iniciaron la noble
tradición del vaquero nómada en busca de trabajo, costumbre que
pasaría de México a los Estados Unidos y Canadá (págs. 18-19).

Charro mejicano a
lomos de un palomino
con brida, petral
y silla a juego hechos
por el estadounidense
de origen sueco
Edward H. Bohlin
(1895-1980),
el «guarnicionero de
las estrellas» de las
películas del Oeste
de Hollywood
(págs. 60-61).

9

Continúa en la página siguiente

Herradura de plata

Hilo de plata
incrustado en
el cuero

Esta silla charra de finales del XIX está
lujosamente decorada con un cuerno de plata,
un elegante diseño de arco e hilos de plata
incrustados en el cuero. El labrado servía
además para un propósito práctico, pues los
relieves ayudaban al jinete a mantenerse
con más seguridad sobre la silla.

Filo de plata
repujada sobre
el arzón trasero

Los valientes vaqueros

A pesar de pertenecer al campesinado mejicano,
los vaqueros se creían superiores a los agricultores.
Estaban orgullosos de su trabajo, del que decían
que exigía valor, fortaleza y resistencia física.
En 1823, el rey de Hawai, Kamehameba III,
mandó llamar a vaqueros mejicanos para que
enseñasen a sus súbditos el arte de los que allí
se llamarían *paniola*. En California, Nuevo México
y Texas los vaqueros de origen mejicano formaron
una parte grande e importante de los trabajadores
de los ranchos de finales del siglo XIX.

Excelente silla
mejicana de finales
del siglo XIX con
cincha *(abajo)*
y espuela *(derecha)*
a juego

La ropa elegante o «de
domingo» se usaba para
ir a la iglesia, para las
bodas, los funerales y las
fiestas. Aunque son
producto del clima y las
tradiciones mejicanas,
aún siguen mostrando
huellas de sus orígenes
en la España de los
siglos XVII y XVIII.

El diseño de arco
de plata que vemos
en la hebilla de
la cincha se vuelve
a repetir en la silla
y en la espuela

Espuela con cascabeles, hacia 1900, hecha por G. S. García (1864-1933), guarnicionero y experto en el estilo californiano de sofisticados damasquinados (incrustaciones)

Cuero labrado a mano

Concha de plata repujada a mano

Las espuelas mejicanas son muchas veces muestra del gusto de su propietario y de su amor por los ornamentos. Estas espuelas de cuello quebrado tienen incrustaciones de plata. Unidos a las puntas van unos cascabeles que tintinean a cada movimiento. Con sus tres tachones de plata, esta espuela es producto de la creencia islámica en que los números pares son perfectos pero dan mala suerte.

La media luna indica una influencia islámica

Tachón de plata

Cascabel

Vaquero a lomos de un caballo criollo

Espuela mejicana de plata con damasquinados (hacia 1890)

Estas espuelas de cuello recto con incrustaciones de plata eran de uno de los participantes en el espectáculo del Oeste de Buffalo Bill

El traje de faena de los vaqueros mejicanos variaba bastante. Algunos llevaban una chaquetilla lisa, pantalones de lana acampanados y un sombrero de ala ancha de fieltro (págs. 20-21). Los más pobres se vestían casi como peones (jornaleros), con un poncho llamado sarape, pantalones de algodón y un sombrero de paja.

La abundante y cuidadosa atención a los detalles nos sugiere que esta espuela (al igual que la silla y la cincha) pertenecieron a un hombre con mucho dinero y su buena dosis de vanidad

Los acicates o aguijones, espuelas de una sola punta, eran menos comunes que las espuelas con rodaja

Acicate mejicano de influencia mora

Damasquinado tipo «niel», hecho con hilo de plata incrustado a martillazos en el acero

Esta espuela mide 14 cm de largo

Espuela de cuello recto con rodaja de ocho puntas

Las cuartas o látigos cortos mejicanos se hacían de cuero sin curtir trenzado. El mango de madera a veces se rellenaba de perdigones de plomo para castigar a los caballos cuando se encabritaban o para controlar mejor a los salvajes durante la doma.

Cuarta mejicana de principios del siglo xx

Cuero sin curtir trenzado

Tira de cuero

BUFFALO BILL'S WILD WEST

William Cody, más conocido como Buffalo Bill (1846-1917), cazador de búfalos, guía, actor y héroe de novelas baratas, montó el primer espectáculo del Oeste en 1883 (págs. 60-61) y con él realizó giras por los EEUU y Europa durante más de 30 años. Uno de los números, «Duros jinetes del mundo», presentaba a muchos tipos de jinetes, incluidos los vaqueros mejicanos (arriba a la izquierda).

Cincha de algodón color crema de primera calidad

Espantamoscas o mosquero de color azul y crema hecho de fina lana

Cincha a juego con la silla y con la espuela (extremo izquierdo y arriba). Está hecha de algodón color crema de primera calidad y las piezas que cuelgan son mosqueros o espantamoscas que sirven precisamente para lo que su nombre indica.

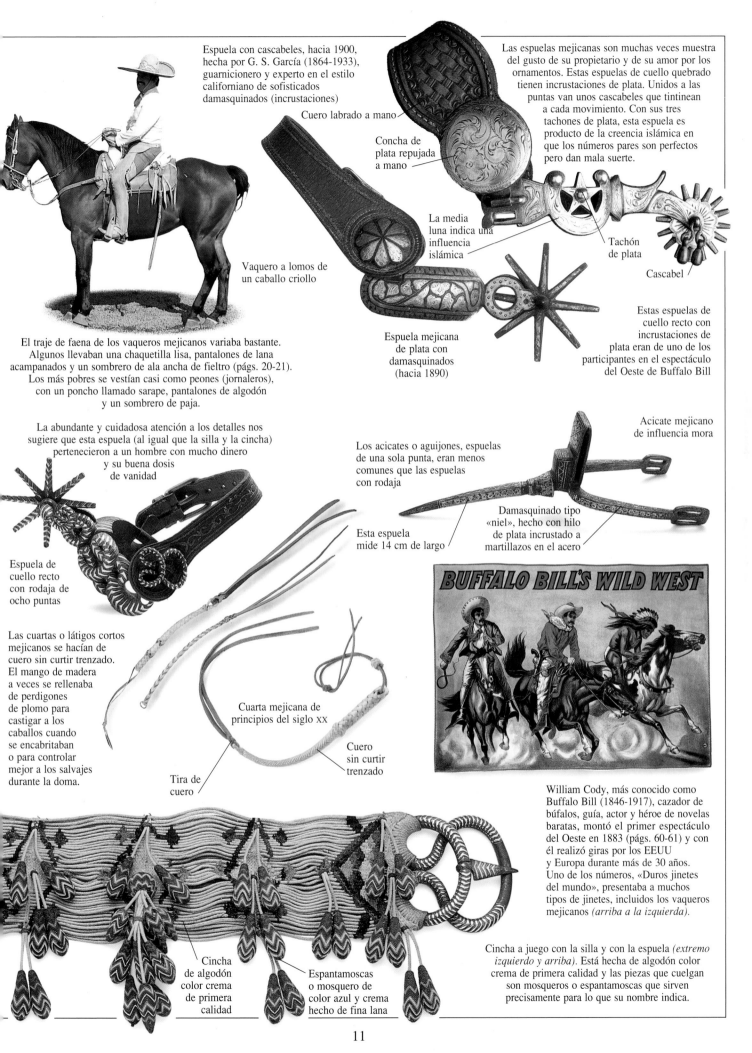

Los mejores caballos

LOS CABALLOS Y LAS PERSONAS llevan trabajando juntos desde que se pudo domesticar a este noble animal, probablemente en Europa del Este, hará unos 4.000 años. Los caballos cambiaron el rumbo de la historia. Con ellos, culturas nómadas enteras pudieron atravesar los continentes de punta a punta. Tirando en un principio de carros y llevando luego cada uno a su jinete, los caballos transformaron la guerra, se convirtieron en los primeros tractores de la agricultura tradicional y se revelaron esenciales para cualquier tipo de cría de ganado a gran escala. Por todo ello, los caballos salvajes dejaron de existir, salvo los de Przewalski. Todos los caballos actuales descienden de estos animales domesticados y forman una única especie, el *Equus caballus*. Sin embargo, el medio ambiente y los cruces han creado múltiples variedades con diferentes habilidades, tamaño, color y características.

Esta pintura, de Frederic Remington (págs. 26-27), muestra a un cowboy domando a su caballo salvaje. Tras acostumbrar al caballo a la jáquima o brida de entrenamiento y a la silla, los cowboys, con el propósito de quebrar su resistencia, trataban de montar al animal hasta que dejaba de corcovear y se quedaba quieto. La cruel utilización de la cuarta y de las espuelas era habitual.

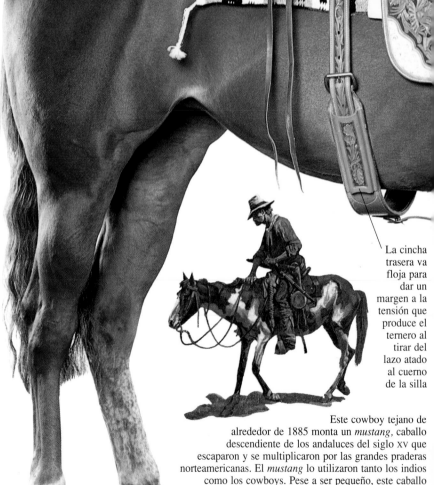

Alforja incorporada a la silla

Las hordas invasoras de Gengis Khan (hacia 1162-1227), que crearon un imperio desde China occidental hasta el Mar Negro, cabalgaban a lomos de peludos caballos mongoles. Los jinetes kazajos del noroeste de China aún montan a los descendientes de estos animales.

La cincha trasera va floja para dar un margen a la tensión que produce el ternero al tirar del lazo atado al cuerno de la silla

Al igual que el *mustang* más al norte, el caballo criollo desciende de los caballos andaluces huidos (págs. 8-9) que llegaron hasta Suramérica procedentes de México. Por su robustez, agilidad y seguridad, en Argentina se convirtió en el caballo de los gauchos, los vaqueros de la Pampa (págs. 48-51). Al cruzarlos con pura sangres ingleses, los criollos dieron lugar al famoso caballo de polo argentino.

Este cowboy tejano de alrededor de 1885 monta un *mustang*, caballo descendiente de los andaluces del siglo XV que escaparon y se multiplicaron por las grandes praderas norteamericanas. El *mustang* lo utilizaron tanto los indios como los cowboys. Pese a ser pequeño, este caballo tenía gran resistencia y era muy trabajador.

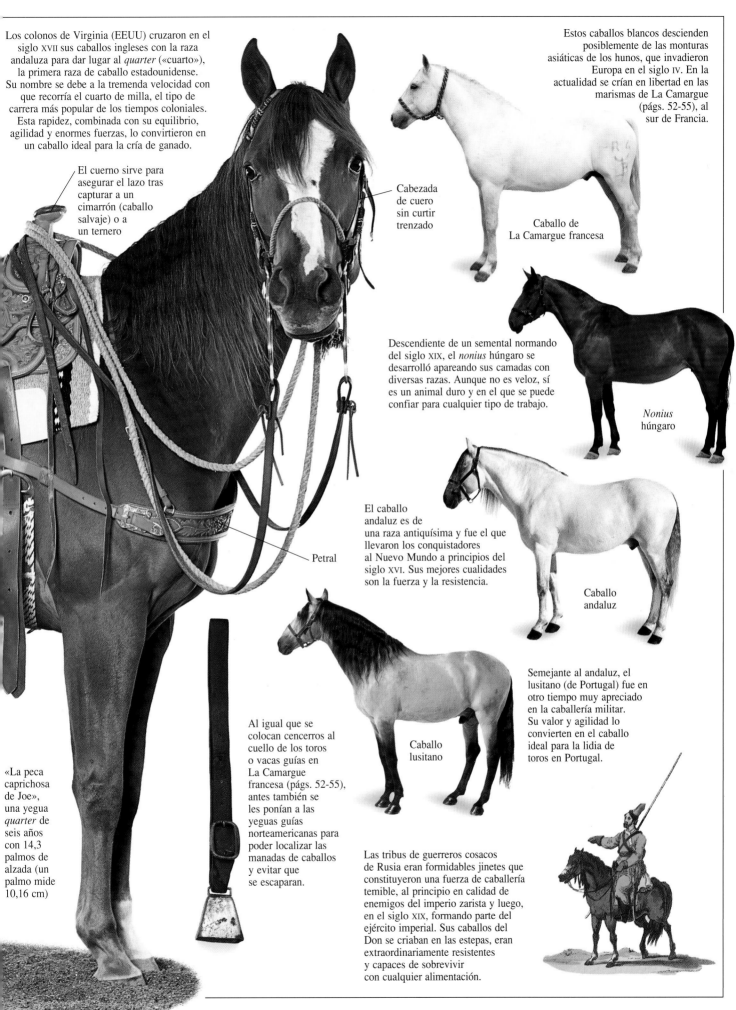

Los colonos de Virginia (EEUU) cruzaron en el siglo XVII sus caballos ingleses con la raza andaluza para dar lugar al *quarter* («cuarto»), la primera raza de caballo estadounidense. Su nombre se debe a la tremenda velocidad con que recorría el cuarto de milla, el tipo de carrera más popular de los tiempos coloniales. Esta rapidez, combinada con su equilibrio, agilidad y enormes fuerzas, lo convirtieron en un caballo ideal para la cría de ganado.

El cuerno sirve para asegurar el lazo tras capturar a un cimarrón (caballo salvaje) o a un ternero

Cabezada de cuero sin curtir trenzado

Estos caballos blancos descienden posiblemente de las monturas asiáticas de los hunos, que invadieron Europa en el siglo IV. En la actualidad se crían en libertad en las marismas de La Camargue (págs. 52-55), al sur de Francia.

Caballo de La Camargue francesa

Descendiente de un semental normando del siglo XIX, el *nonius* húngaro se desarrolló apareando sus camadas con diversas razas. Aunque no es veloz, sí es un animal duro y en el que se puede confiar para cualquier tipo de trabajo.

Nonius húngaro

Petral

El caballo andaluz es de una raza antiquísima y fue el que llevaron los conquistadores al Nuevo Mundo a principios del siglo XVI. Sus mejores cualidades son la fuerza y la resistencia.

Caballo andaluz

Al igual que se colocan cencerros al cuello de los toros o vacas guías en La Camargue francesa (págs. 52-55), antes también se les ponían a las yeguas guías norteamericanas para poder localizar las manadas de caballos y evitar que se escaparan.

Caballo lusitano

Semejante al andaluz, el lusitano (de Portugal) fue en otro tiempo muy apreciado en la caballería militar. Su valor y agilidad lo convierten en el caballo ideal para la lidia de toros en Portugal.

«La peca caprichosa de Joe», una yegua *quarter* de seis años con 14,3 palmos de alzada (un palmo mide 10,16 cm)

Las tribus de guerreros cosacos de Rusia eran formidables jinetes que constituyeron una fuerza de caballería temible, al principio en calidad de enemigos del imperio zarista y luego, en el siglo XIX, formando parte del ejército imperial. Sus caballos del Don se criaban en las estepas, eran extraordinariamente resistentes y capaces de sobrevivir con cualquier alimentación.

13

El antes y el ahora de las sillas

L OS VAQUEROS TENÍAN QUE PERMANECER SENTADOS en sus sillas hasta quince horas al día. Y no estamos hablando del asiento de un coche ni de una oficina. La silla era, por tanto, su instrumento de trabajo más importante. A diferencia del caballo (págs. 12-13), que solía ser uno cualquiera de los que le prestaba el ranchero, la silla era sólo suya y costaba como mínimo el salario de un mes, aunque podía llegar a durar hasta treinta años. Las sillas de los vaqueros proceden de la silla de guerra española del siglo XVI con su alta perilla (una combinación de cuerno y horquilla en la parte delantera) y arzón trasero (respaldo de madera) para que jinete y armadura no mordieran el polvo. Con el tiempo, las sillas fueron cambiando de peso y forma, pero todas se construyeron sobre un armazón de madera (págs. 16-17) forrado de cuero sin curtir y mojado que dotaba de rigidez al armazón cuando se secaba. Después se volvía a cubrir con cuero, aunque, esta vez, curtido o adobado.

Silla tejana de mediados del siglo XIX con un grueso cuerno para sujetar el pesado lazo y guardamontes para que el jinete no se manche las piernas con el sudor del caballo.

Arzón en forma de «A»

Ala corta

Silla californiana de la década 1870-80 con arzón en forma de «A», cuerno fino y estribos de madera curvados al vapor. Como es más ligera que la de Texas y la de Denver, permite al caballo mayor facilidad de movimientos.

La silla de Denver (hacia 1890) era más larga que la de Texas *(arriba)* y tenía mayor cantidad de cuero. A los cowboys les gustaba la solidez de su asiento, pero sus dimensiones y peso (18 kg) a veces producían mataduras en el lomo de los caballos.

Arzón trasero

Silla mejicana bastante estropeada que demuestra el vínculo con las sillas militares del siglo XVI. La perilla y el arzón trasero son de madera tallada, mientras que el sencillo armazón está cubierto de cuero labrado.

Perilla de madera tallada en la parte delantera de la silla

Silla mejicana de cuero y madera

Cincha delantera

Cincha trasera

Esta silla vaquera canadiense de la última década del siglo XIX, pensada para apartar ganado de la manada y enlazarlo, lleva dos cinchas. La cincha trasera va holgada para que la tensión producida por la res al ser enlazada tire de la silla hacia delante y el caballo sepa que ha de detenerse (págs. 34-35).

A partir de 1870, las sillas de los estados norteños de Montana y Wyoming incorporaron el cuero al cuerno y optaron por alas cuadradas.

Tapaderos cerrados de los años 20 hechos de fortísimo cuero de vaca

Tapaderos estampados de cuero de vaca de los años 70. Van forrados de lana para proteger del frío.

Perilla

Arzón trasero

Los tapaderos (págs. 8-11) se colocaban sobre los estribos y proporcionaban una protección suplementaria frente a los espinos, la lluvia y la nieve invernales. Los dos pares mostrados arriba recibían el nombre de «hocico de puerco» por su forma, mientras que el par de la derecha está hecho al estilo de «pico de águila».

Tapaderos (finales del XIX) del espectáculo del Salvaje Oeste de Buffalo Bill

Silla de *gardian* de La Camargue (págs. 52-55). Tiene el arzón trasero curvado, la perilla ancha y robusta y los estribos metálicos en forma de jaula. Bajo la perilla y siempre a la izquierda va atado el *seden* (el lazo).

14

Cuerno

Plata repujada
sobre el canal
de la silla

Arzón
delantero
en forma
de «A»

Asiento

Arzón trasero
cubierto
de plata

Mantilla

Corona
de lana

Ala
cuadrada

Gran
concha
de plata

Espléndida silla
fabricada por
Edward H. Bohlin
(págs. 8-9). La
ornamentación del
arzón trasero y del cuerno
es de plata, al igual que el
arzón delantero en forma de «A» y las
conchas situadas alrededor de las alas, de los
guardamontes y de los tapaderos. El cuero de la parte
superior está todo labrado. Pesa un total de 25 kg.

Cuero
decorado y
profusamente
labrado

La faja de
cuerdas de
esta cincha
rodea la
barriga del
caballo para
sostener la
silla con
firmeza

El forro del cuerno impide su
desgaste a causa del lazo

La guarnición de
cincha maestra, como
la de esta silla vaquera
californiana de los
años 80, lleva una
única cincha central
que proporciona un
buen equilibrio
y capacidad para
absorber la tensión
habitual del lazo.

Cuarta
(látigo corto)
de cuero sin
curtir trenzado

Tapaderos
de pico de
águila

Guardamontes

Correa de
cuero para
incorporar
más objetos
a la silla

Cuerda de
maguey (pita)
atada al
cuerno de
la silla

Arzón
trasero bajo

Tachones
metálicos
sobre el
ala para
aumentar
la robustez

No hace
falta cuerno
alguno en
esta silla de
rodeo australiana
de los años 50,
en la que las
alas son mínimas.

Monograma
de plata

Esta silla
vaquera de
1970-1980
utiliza el sistema
doble cincha
hispánico, con una
cincha por delante de
la barriga del caballo
y otra trasera.

Silla
estadounidense
de 1970-1980

Correa de unión

Las sillas de doble cincha
llevan la trasera para evitar que se
desequilibren por detrás con la tensión del
lazo (págs. 34-35). Una correa que va unida
a la cincha evita que ésta se corra al tirar la res.

Cómo se ensilla un caballo

Cabezada
partida

P ARA SENTARSE CON SEGURIDAD a lomos de un animal de más de
metro y medio de alzada y ser capaz de dominarlo, el vaquero
aprovechaba una experiencia de siglos con los caballos. Los egipcios
utilizaban ya las bridas en el 1600 a. de C., si bien los jinetes se
estuvieron sentando sobre almohadillas o paños hasta la invención de la
silla alrededor del año 350 de nuestra era. Los hunos fueron los primeros
en usar estribos un siglo después. En el siglo XVI, la caballería militar
española era la más experta y mejor equipada de Europa y los españoles
se llevaron consigo sus habilidades a América. Los vaqueros de ese
continente heredaron esos conocimientos y los desarrollaron aún más.
La silla vaquera (págs. 14-15) constituía una plataforma de trabajo
en la que además se tenía que transportar todo el equipo. La brida
estaba diseñada para dominar al caballo aplicando
la menor tensión posible sobre las riendas.

Mazo

Raedera

Cortador

Desveno

Cadenilla

Media
luna

El bocado *marmaluke,* al igual que el antiguo
bocado de palanca hispanoamericano, llevaba
un desveno que reposaba sobre la lengua
del caballo. Sobre las riendas siempre se
aplicaba la menor presión posible para no
hacerle daño al caballo. Las riendas se
acoplaban a unas cadenillas para que
el caballo no mojase el cuero.

1 Sin la brida es imposibl
dominar al caballo
y por eso se pone en primer
lugar. La brida incluye
el bocado y una cabezada
(partida para poder rodear
las orejas del caballo)
para sostenerlo. El bocado
es un instrumento metálico
que se introduce a fondo
en la boca del caballo de
modo que no pueda
morderlo y actuar
sin control.

Las herramientas del guarnicionero o talabartero son
sencillas. El cortador se ajusta para distintas anchuras de
cuero. El pesado mazo va acolchado para no dañar el cuero.
Al igual que en el caso del carpintero, la raedera sirve para
cepillar las curvas. La bolsa de perdigones sujeta el cuero
sin dejar marcas, mientras que la cuchilla de media luna
permite una buena sujeción al cortar curvas en el cuero.

Bolsa de
perdigones

Cuchilla de
media luna

Arzón
delantero

Cuerno

Arzón trasero

Ala de
cuero

Anilla para
incorporar la
cincha delantera

Segunda capa
o piel de
cuero

Árbol o
armazón
básico de
madera con
varias capas
de laca

El armazón, hecho de
madera de pino sin nudos y con
grano homogéneo, lleva el cuerno
metálico atornillado al lomo.
Luego se cubre con cuero sin curtir
húmedo, que se ha de secar a
temperatura controlada para después
aplicarle varias capas de
laca impermeable.

La silla se acaba con una serie de
forros que comienzan en el cuerno,
para seguir con la parte inferior del
arzón delantero, el asiento, el resto
del arzón delantero, el trasero y las
alas. Se utilizan distintos grosores
de cuero, a cada uno de los cuales
se da forma y luego se cose con
cuero sin curtir húmedo.

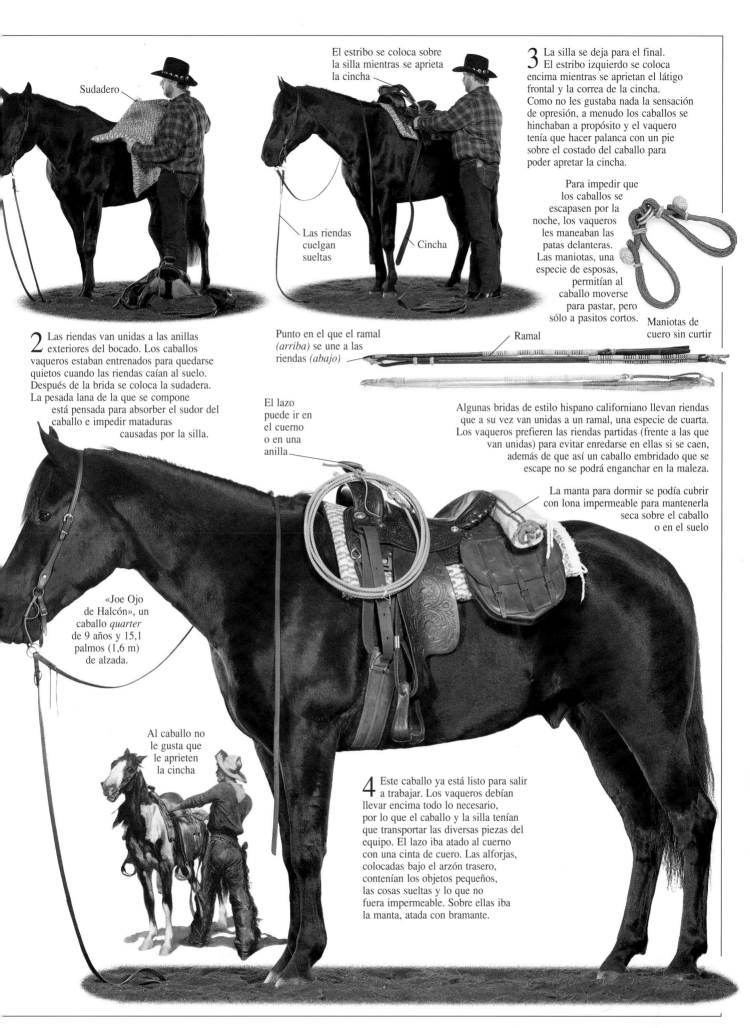

Sudadero

El estribo se coloca sobre la silla mientras se aprieta la cincha

3 La silla se deja para el final. El estribo izquierdo se coloca encima mientras se aprietan el látigo frontal y la correa de la cincha. Como no les gustaba nada la sensación de opresión, a menudo los caballos se hinchaban a propósito y el vaquero tenía que hacer palanca con un pie sobre el costado del caballo para poder apretar la cincha.

Las riendas cuelgan sueltas

Cincha

Para impedir que los caballos se escapasen por la noche, los vaqueros les maneaban las patas delanteras. Las maniotas, una especie de esposas, permitían al caballo moverse para pastar, pero sólo a pasitos cortos.

Maniotas de cuero sin curtir

2 Las riendas van unidas a las anillas exteriores del bocado. Los caballos vaqueros estaban entrenados para quedarse quietos cuando las riendas caían al suelo. Después de la brida se coloca la sudadera. La pesada lana de la que se compone está pensada para absorber el sudor del caballo e impedir mataduras causadas por la silla.

Punto en el que el ramal *(arriba)* se une a las riendas *(abajo)*

Ramal

Algunas bridas de estilo hispano californiano llevan riendas que a su vez van unidas a un ramal, una especie de cuarta. Los vaqueros prefieren las riendas partidas (frente a las que van unidas) para evitar enredarse en ellas si se caen, además de que así un caballo embridado que se escape no se podrá enganchar en la maleza.

El lazo puede ir en el cuerno o en una anilla

La manta para dormir se podía cubrir con lona impermeable para mantenerla seca sobre el caballo o en el suelo

«Joe Ojo de Halcón», un caballo *quarter* de 9 años y 15,1 palmos (1,6 m) de alzada.

Al caballo no le gusta que le aprieten la cincha

4 Este caballo ya está listo para salir a trabajar. Los vaqueros debían llevar encima todo lo necesario, por lo que el caballo y la silla tenían que transportar las diversas piezas del equipo. El lazo iba atado al cuerno con una cinta de cuero. Las alforjas, colocadas bajo el arzón trasero, contenían los objetos pequeños, las cosas sueltas y lo que no fuera impermeable. Sobre ellas iba la manta, atada con bramante.

Los cowboys norteamericanos

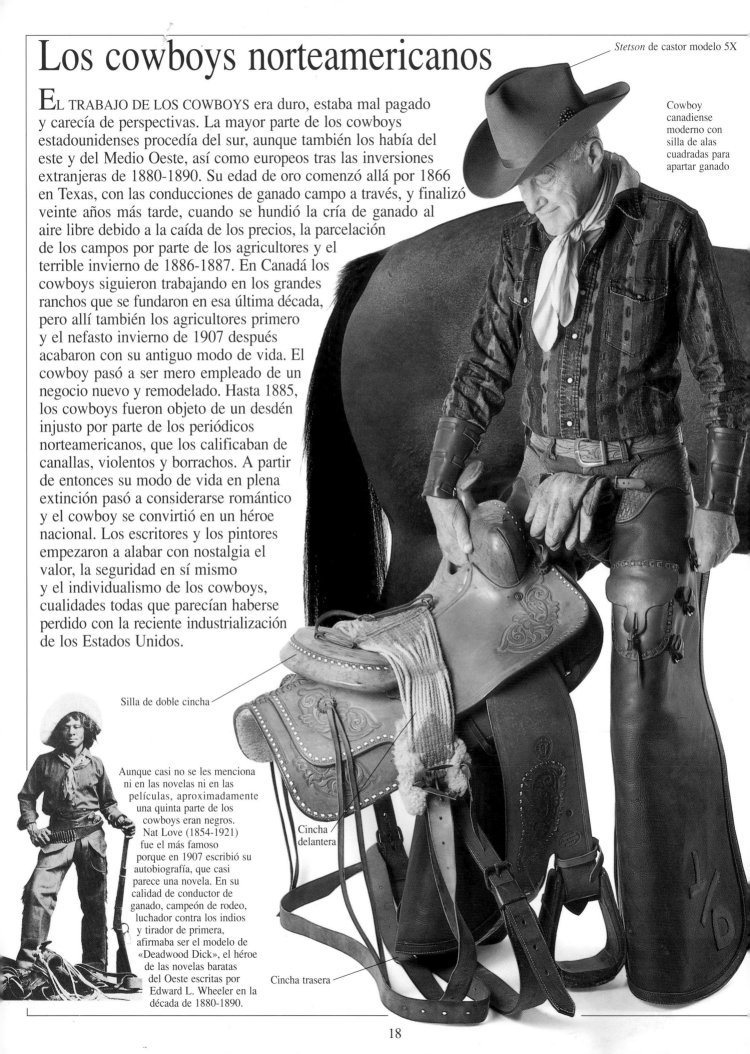

EL TRABAJO DE LOS COWBOYS era duro, estaba mal pagado y carecía de perspectivas. La mayor parte de los cowboys estadounidenses procedía del sur, aunque también los había del este y del Medio Oeste, así como europeos tras las inversiones extranjeras de 1880-1890. Su edad de oro comenzó allá por 1866 en Texas, con las conducciones de ganado campo a través, y finalizó veinte años más tarde, cuando se hundió la cría de ganado al aire libre debido a la caída de los precios, la parcelación de los campos por parte de los agricultores y el terrible invierno de 1886-1887. En Canadá los cowboys siguieron trabajando en los grandes ranchos que se fundaron en esa última década, pero allí también los agricultores primero y el nefasto invierno de 1907 después acabaron con su antiguo modo de vida. El cowboy pasó a ser mero empleado de un negocio nuevo y remodelado. Hasta 1885, los cowboys fueron objeto de un desdén injusto por parte de los periódicos norteamericanos, que los calificaban de canallas, violentos y borrachos. A partir de entonces su modo de vida en plena extinción pasó a considerarse romántico y el cowboy se convirtió en un héroe nacional. Los escritores y los pintores empezaron a alabar con nostalgia el valor, la seguridad en sí mismo y el individualismo de los cowboys, cualidades todas que parecían haberse perdido con la reciente industrialización de los Estados Unidos.

Stetson de castor modelo 5X

Cowboy canadiense moderno con silla de alas cuadradas para apartar ganado

Silla de doble cincha

Aunque casi no se les menciona ni en las novelas ni en las películas, aproximadamente una quinta parte de los cowboys eran negros. Nat Love (1854-1921) fue el más famoso porque en 1907 escribió su autobiografía, que casi parece una novela. En su calidad de conductor de ganado, campeón de rodeo, luchador contra los indios y tirador de primera, afirmaba ser el modelo de «Deadwood Dick», el héroe de las novelas baratas del Oeste escritas por Edward L. Wheeler en la década de 1880-1890.

Cincha delantera

Cincha trasera

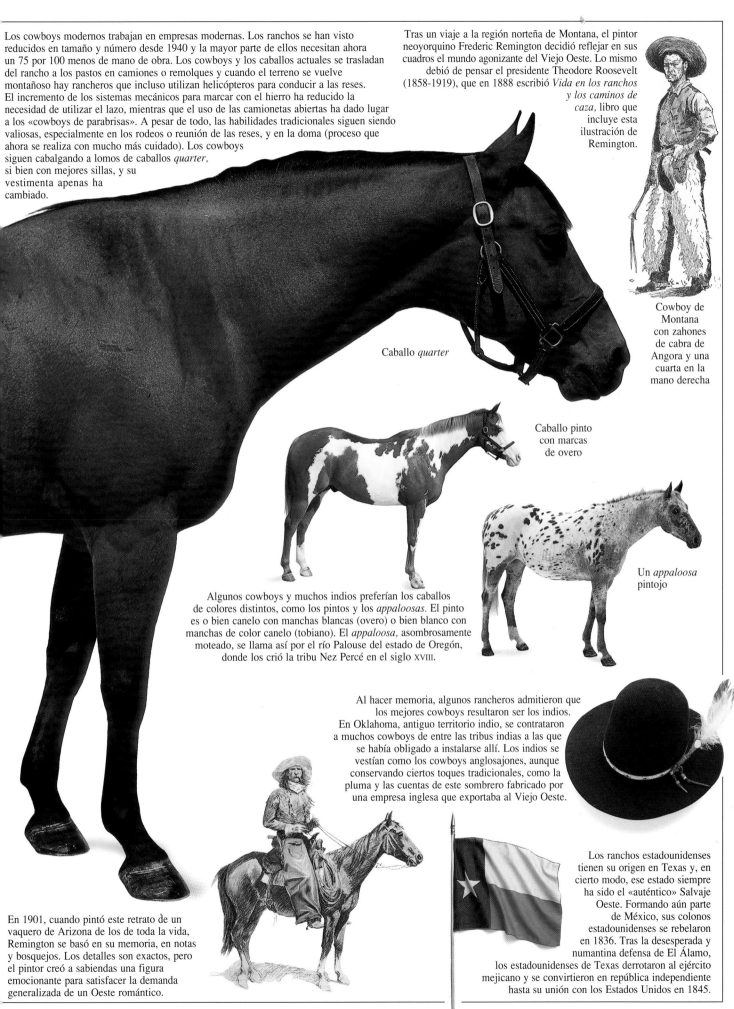

Los cowboys modernos trabajan en empresas modernas. Los ranchos se han visto reducidos en tamaño y número desde 1940 y la mayor parte de ellos necesitan ahora un 75 por 100 menos de mano de obra. Los cowboys y los caballos actuales se trasladan del rancho a los pastos en camiones o remolques y cuando el terreno se vuelve montañoso hay rancheros que incluso utilizan helicópteros para conducir a las reses. El incremento de los sistemas mecánicos para marcar con el hierro ha reducido la necesidad de utilizar el lazo, mientras que el uso de las camionetas abiertas ha dado lugar a los «cowboys de parabrisas». A pesar de todo, las habilidades tradicionales siguen siendo valiosas, especialmente en los rodeos o reunión de las reses, y en la doma (proceso que ahora se realiza con mucho más cuidado). Los cowboys siguen cabalgando a lomos de caballos *quarter*, si bien con mejores sillas, y su vestimenta apenas ha cambiado.

Tras un viaje a la región norteña de Montana, el pintor neoyorquino Frederic Remington decidió reflejar en sus cuadros el mundo agonizante del Viejo Oeste. Lo mismo debió de pensar el presidente Theodore Roosevelt (1858-1919), que en 1888 escribió *Vida en los ranchos y los caminos de caza,* libro que incluye esta ilustración de Remington.

Cowboy de Montana con zahones de cabra de Angora y una cuarta en la mano derecha

Caballo *quarter*

Caballo pinto con marcas de overo

Un *appaloosa* pintojo

Algunos cowboys y muchos indios preferían los caballos de colores distintos, como los pintos y los *appaloosas*. El pinto es o bien canelo con manchas blancas (overo) o bien blanco con manchas de color canelo (tobiano). El *appaloosa*, asombrosamente moteado, se llama así por el río Palouse del estado de Oregón, donde los crió la tribu Nez Percé en el siglo XVIII.

Al hacer memoria, algunos rancheros admitieron que los mejores cowboys resultaron ser los indios. En Oklahoma, antiguo territorio indio, se contrataron a muchos cowboys de entre las tribus indias a las que se había obligado a instalarse allí. Los indios se vestían como los cowboys anglosajones, aunque conservando ciertos toques tradicionales, como la pluma y las cuentas de este sombrero fabricado por una empresa inglesa que exportaba al Viejo Oeste.

En 1901, cuando pintó este retrato de un vaquero de Arizona de los de toda la vida, Remington se basó en su memoria, en notas y bosquejos. Los detalles son exactos, pero el pintor creó a sabiendas una figura emocionante para satisfacer la demanda generalizada de un Oeste romántico.

Los ranchos estadounidenses tienen su origen en Texas y, en cierto modo, ese estado siempre ha sido el «auténtico» Salvaje Oeste. Formando aún parte de México, sus colonos estadounidenses se rebelaron en 1836. Tras la desesperada y numantina defensa de El Álamo, los estadounidenses de Texas derrotaron al ejército mejicano y se convirtieron en república independiente hasta su unión con los Estados Unidos en 1845.

Sombreros

EL SOMBRERO ERA EL SELLO PERSONAL de los vaqueros. Los estilos varían, del mejicano al *Stetson,* pero su función es siempre la misma. La elevada copa mantenía fresca la cabeza bajo el ardiente sol, mientras que el ala ancha daba sombra a los ojos y a la nuca. Bajo la lluvia y la nieve, el sombrero actuaba a modo de miniparaguas. Además, también brindaba protección contra los espinos y las ramas bajas. Los sombreros se hacían de fieltro de primera calidad para resistir durante años de uso continuado, y más valía que así fuese, porque los vaqueros utilizaban sus versátiles sombreros como alternativa del látigo (págs. 10-11), para llevar agua (tal y como aparece en la famosa etiqueta de los *Stetson*), avivar el fuego (o apagarlo) y, de vez en cuando, incluso como almohada.

Akubra, una marca de sombrero australiano

Sombrero de *gardian* francés

Como debían cubrir las mismas necesidades, todos los sombreros vaqueros presentan una notable semejanza. El peculiar *Akubra* australiano lo lleva todo el mundo en el interior de ese continente, pero especialmente los vaqueros (págs. 56-57). El sombrero de La Camargue francesa es uno moderno de *gardian* (págs. 52-55).

the last drop from his STETSON

Para 1885, la mayor parte de los habitantes del Oeste llevaban sombreros *Stetson* (con su famosa etiqueta). En 1906, la empresa ya vendía dos millones de unidades al año.

Roy Rogers subrayó la imagen del «bueno» llevando siempre un sombrero blanco.

La decoración trenzada y bordada en hilo de oro era un indicativo de riqueza

Cinta de sombrero hecha de cuerda

Elegante sombrero mejicano de antes de 1870 hecho de fieltro y decorado con bordados de hilo de oro. Su anchísima ala, cinta de crin trenzada y alta copa (llamada «de pilón o pan de azúcar» por su forma) son sus características más notables.

El sombrero *Plainsman* («hombre de las llanuras») de copa baja y ala flexible era una posible alternativa al mejicano en ese país y muchísimos cowboys del sureste de los Estados Unidos lo llevaron hasta casi 1890.

Stetson
negro de
ala ancha
(hacia 1900)

Cinta hecha
con una rienda
trenzada rota

Bob Hope
(nacido en 1903)
lleva en *Rostro pálido*
un sombrero doble
de diez galones, es un
novato que pretende
aparecer como un
verdadero cowboy.

El inglés John B. Stetson (1830-1906)
descubrió las necesidades de los habitantes
del Oeste mientras estuvo buscando oro en
el estado de Colorado. Descendiente de
una familia de sombrereros, abrió una
fábrica en Filadelfia en 1865 y poco
después produjo el diseño que se haría
famoso y que lo convertiría
en multimillonario.

Los sombreros vaqueros
de copa alta recibieron
el mote de «sombrero
de diez galones»
(de 45 litros de
capacidad).
Éste es doble

Stetson de
castor 5X
al estilo
de Tom
Mix

En 1925, la
compañía Stetson
bautizó un sombrero
en honor de
Tom Mix, una
estrella del
cine del Oeste
(págs. 60-61).
Tenía una copa
de 19,5 cm y un
ala de 13 cm.

Ala
rígida

En la actualidad,
los *Stetson* se hacen
acordes con la
preferencia por
copas más bajas. Es
de primera calidad,
impermeable y lleva
el pliegue al estilo
vaquero. El número
que va junto a la «X»
indica la calidad de la
tela. Cuanto más alto el
número, mayor la calidad.

Borla de
crin

Stetson de
castor 10X
(calidad
máxima)

En el Viejo Oeste no era de
mala educación llevar el sombrero
dentro de la casa. Sin embargo,
una percha para sombreros podía
ser una buena excusa para
combinar cuernos y piel.

Los *Stetson* nunca
iban decorados, con la
excepción ocasional de
una cinta de fantasía.
Los sombreros mejicanos,
por el contrario,
iban habitualmente
ornamentados. Éste lleva
aplicaciones de ante
y borlas de cuero.

Ala con
borde de
cuero

El estilo *Plainsman*
(«hombre de las
llanuras») tenía también
versiones caras, como
este sombrero mejicano
de alrededor de 1900, hecho
de ante con una cinta de adorno.

Este sombrero mejicano ha pasado más de un
mal trago. Es de principios de este siglo
y probablemente fue el instrumento de
trabajo de un vaquero. Además, es de
los que Hollywood se empeñaba
en ponerles a los bandidos en
las películas mudas del Oeste.

El sombrero de jipijapa es menos
duradero, pero de un material (paja)
más barato que el de fieltro,
por lo que también los hacían así a
principios de nuestro siglo.

Lucky Luke, personaje del
dibujante francés «Morris»
(Maurice de Bevère),
lleva limpiando
alegremente el Oeste
desde 1946. Aún sigue a
lomos de Jolly Jumper y cantando
aquello de «Soy un pobre
vaquero solitario…».

El traje del cowboy

Colt 45 en una pistolera de cuero

LOS COWBOYS ELEGÍAN LA ROPA y el equipo con la intención de enfrentarse a un trabajo, paisaje y clima a menudo extremadamente brutales. Las telas debían tener la resistencia necesaria para aguantar el desgaste derivado de trabajar con animales cuerpo a cuerpo en medio de una vegetación llena de espinos, además de resistir unos días de tórrido calor y unas noches de frío helador. Las condiciones naturales y las costumbres locales dieron lugar a distintos estilos de vestimenta vaquera en los Estados Unidos entre zonas como Texas y Nuevo México en el suroeste y Wyoming, Montana y las Dakotas en el norte.

El revólver se consideraba necesario para enfrentarse a amenazas tanto de tipo animal como humano, pero había cowboys que no podían permitirse uno, pues un *Colt* nuevo podía costar hasta el salario de un mes. Además, los hacendados del norte intentaron evitar el uso del revólver entre sus empleados. Por otro lado, los cowboys también eran víctimas de la moda. Así, un viejo cowboy llegó a confesar que las botas de tacón alto se llevaban por vanidad y no por necesidad.

Entre 1870 y 1890 una de las pistoleras más populares fue la *high-rider* o alta, que iba por encima del cinturón de tal modo que la pistola se apoyaba en la parte superior de la cadera. Con el mismo fin de desenfundar más rápido, además de entrenarse mucho, también se solía cortar la cinta que actuaba como seguro del gatillo.

Faldón de servicio

Reloj de bolsillo «ferroviario» bañado en plata

El reloj de bolsillo era más ornamental que útil. Los vaqueros solían guardarlo dentro de la manta para no correr el riesgo de romperlo o perderlo en el trabajo. Los «relojes ferroviarios de un dólar» *(arriba)* eran el regalo habitual que se hacía a los empleados de ferrocarril cuando se retiraban, pero también se vendían en las tiendas. Los relojes bañados en oro y en plata *(abajo)* se podían escoger por catálogo y comprar por correo a empresas como Montgomery Ward o Sears & Roebuck (págs. 28-29) y contaban con 20 años de garantía.

1 El día comenzaba con el café, hecho probablemente de granos aplastados entre dos piedras, que se bebía solo y sin azúcar. Durante el trabajo los vaqueros casi nunca se quitaban la ropa interior de una sola pieza (la abertura trasera evitaba la única ocasión en que podía ser necesario hacerlo). Esta ropa interior, hecha normalmente de lana roja, proporcionaba aislamiento en las noches frías. Y lo que es aún más importante, en el calor del día absorbía un sudor que, si no, acabaría por estropear rápidamente la camisa.

La ropa interior, «long johns», se solía hacer de lana roja

Reloj de bolsillo corriente bañado en oro

El baño de plata lleva grabados florales

Antes de utilizar el lazo los cowboys solían ponerse guantes hechos de piel para evitar quemaduras por fricción. A comienzos de este siglo comenzaron a usar también puños de cuero rígido de entre 13 y 18 cm de longitud que a veces llevaban una correa o cordones para apretárselos. Los puños protegían la muñeca y recogían la manga de la camisa. Los guarnicioneros se ocuparon de satisfacer la vanidad de los cowboys estampando todo tipo de diseños en el cuero.

Cordones y hebilla

Primitivos puños californianos de principios de siglo

Cuatro pares de puños con sus ornamentaciones y sistemas de cierre

Cierre de cordones y broche automático

Diseño estampado en cuero

Estampado de cestería

2 La camisa y los pantalones estaban hechos de lana gruesa y resistente. Los cinturones de cuero muy apretados suponían un riesgo de lesiones internas para el vaquero si se le encabritaba el caballo. Por eso, este vaquero lleva tirantes de la caballería militar, aunque a muchos esos «chismes elásticos» no les hacían ninguna gracia.

3 El cowboy ya está dispuesto para el trabajo. Se ha anudado el pañuelo de algodón que le protege el cuello del sol y le sirve de máscara contra el polvo. Un chaleco de estilo mejicano, botas de montar con tacones inclinados o de quebradillo de 5 cm y espuelas de rodaja, zahones de tubo y un *Stetson* de copa alta completan su equipo.

Copia actual de un *Stetson* de copa alta a la antigua

Gruesa camisa de lana

Pañuelo de algodón estampado

Tirantes tipo militar

Pistolera alta a la antigua usanza hecha de cuero con diseño de cestería

Botas de tubo o caña alta

Cinta de sombrero hecha con riendas de cuero trenzado

Sudadera

Chaleco mejicano listado

Pantalones de lana con raya fina

Zahones de tubo o escopeta con flecos y bolsillos delanteros

Espuela de rodaja

Cowboy tejano de finales del siglo XIX

Hebillas de cinturón californianas de plata de ley

El único ornamento que solían llevar los cowboys era la hebilla del cinturón. Las hebillas no se popularizaron hasta los años 20 de nuestro siglo, cuando comenzaron a repartirse como premio en los rodeos (págs. 62-63). A menudo estaban hechas de metales nobles, como el oro y la plata de ley, y a veces incluso incorporaban joyas como rubíes o diamantes.

La canana va holgada no para desenfundar más rápido, sino por seguridad: así se impide que la hebilla se pueda clavar en la cintura del jinete

Silla tejana de 1850-1860

Los estribos de madera van dentro de los tapaderos

23

Botas y espuelas

L**OS COWBOYS ELEGÍAN SUS BOTAS** con cuidado. En la década de 1880-1890, las botas hechas a medida costaban 15 dólares, la mitad del salario de un mes. El tacón alto y afilado garantizaba que la bota no se deslizase por el estribo, así como que pudiera clavarse en tierra cuando se usaba el lazo a pie (págs. 34-35). Las botas vaqueras continúan gozando del favor general, si bien han cambiado mucho de forma y de diseño. Hoy en día, muchas de ellas ya no son botas de faena, sino prendas de moda (págs. 60-61). Como los vaqueros casi nunca almohazaban (frotaban) a su caballo para limpiarlo, las espuelas eran necesarias para atravesar la crin enmarañada, aunque las puntas de las rodajas se solían lijar hasta dejarlas romas.

Espuela de latón con cabeza de búfalo (Texas, 1914)

Gancho de zahones

Espuela de hierro suramericana (1860-1870)

La cadena del talón fija la espuela a la bota

Espuela de acero (Texas, hacia 1900)

Las rodajas de las espuelas no estaban pensadas para herir a los caballos, sino para atravesar las crines enmarañadas de forma que sintiese el pinchazo. El gancho de zahones era una parte integral de la espiga metálica y servía para impedir que los zahones o los pantalones se pudiesen enganchar en la rodaja.

Las botas antiguas de tubo llegaban hasta cerca de la rodilla para así proporcionar mayor protección. Este par es de entre 1880 y 1900. La extrema inclinación del tacón era por pura moda y al final debía molestar al andar, además de resultar peligrosa.

Marca de ganado incrustada

Pala (empeine) de piel de tiburón

Concha de plata

La oreja de estas botas va del borde superior hasta encima del talón.

Su altura está pensada para que puedan llevarse con armitas (págs. 26-27) y en la parte superior llevan agujeros con el fin de poder calzarlas con facilidad.

Espuela mejicana de plata con incrustaciones

Cuando el cuello de la espuela tiene forma de figura femenina, en el Oeste recibe el nombre de «pierna de chica»

Espuela estadounidense bañada en plata y forjada a mano

Espuela de trabajo de níquel corriente

El diámetro alcanza los 9 cm

Espuela de latón suramericana

Acicate hispanoamericano de bronce forjado a mano

La bota de caña más baja con el borde festoneado es un modelo moderno, derivado probablemente del tipo diseñado para los primeros cowboys de película (págs. 60-61), como Tom Mix (1880-1940). Estas botas, de producción industrial, las hizo Tony Lama en El Paso, Texas, en los años 70. Tras destacarse como campeón en los rodeos, Lama abrió una fábrica de botas al retirarse y ha logrado que sus productos se hagan famosos.

Punta curvada de un acicate de 17 cm de longitud

Acicate hispanoamericano de hierro forjado y grabado a mano

Las espuelas fueron introducidas en el continente americano por los españoles en el siglo XVI. Normalmente eran grandes y pesadas y existía la tradición de mezclar plata y hierro para conseguir espuelas muy decorativas y de enorme elegancia. Este tipo, llamado mejicano, evolucionaría en Texas y pasaría más al norte, siguiendo las rutas ganaderas, hasta llegar a los estados septentrionales de Kansas, Wyoming y Montana (págs. 38-39).

Oreja cosida a la bota

Cuantas más costuras tenga una bota, más cara será. Las costuras sirven para robustecerla y evitar que coja arrugas en el talón. A partir de los años 20 se añadieron cueros de diversos colores con motivos decorativos, lo que las encareció aún más.

Cuero repujado con cabeza de res en la parte delantera y trasera

La forma en «V» proporciona espacio para remeter los pantalones en las botas

Oreja

Las puntadas van en azul, castaño, rojo y amarillo

Espuela grande de níquel

Correa decorada de espuela

Las botas hechas a medida son caras, como este par de Blucher, un fabricante de los de toda la vida de Fairfax, Oklahoma, EEUU. Los cowboys tenían la costumbre de empapar las botas nuevas y no quitárselas hasta pasados varios días. Así lograban que se adaptaran a la forma de sus pies.

Caña de cuero blando teñido

Cómo calzarse las botas

Evidentemente, las botas vaqueras no llevan ni cordones ni hebillas para apretarlas. El único modo que tienen de sujetarse al pie es ajustándose con la suficiente firmeza al empeine, sin quedar tampoco demasiado sueltas en el talón. La mejor manera de ponerse una bota es de pie, introduciéndose en ella como si se fuera a pisar y tirando con firmeza de las orejas, evitando en lo posible dar saltitos y soltar juramentos.

Los tacones altos de quebradillo (inclinados hacia delante) suponían una dificultad a la hora de caminar, pero los cowboys se enorgullecían de tener el pie pequeño. Las punteras afiladas, por su parte, facilitaban la rápida introducción del pie en el estribo.

Pala de dura piel de toro

Espuela de plata con cascabeles típicamente californiana

Concha de plata ornamentada

Espuela vaquera de mujer (hacia 1900)

Mini rodaja

Correa de espuela reforzada con ante

Espuela vaquera de plata (hacia 1900)

Rodaja de latón

Gancho de zahones

Espuela vaquera de acero (principios del siglo xx)

Las espuelas se componen de un arco o talonera, una cadena, una correa y un botón o tachón. El cuello de la espiga, que une la rodaja con el arco, puede ser recto, quebrado o alzado (tal como se llevan en los rodeos, págs. 62-63). Las espuelas de estilo californiano tienen una gran influencia mejicana, con sus botones macizos, cuellos quebrados y profusión de plata ornamentada y cascabeles.

Las mulas eran el animal de carga de la frontera y se hicieron famosas por su resistencia, testarudez y largas orejas. Por su parecido, en los EEUU se llamaron «orejas de mula» (orejas a secas en España) a las tiras de cuero que ayudan a calzarse las botas.

Zahones

LAS GRANDES GALOPADAS ENTRE ESPINOS podían acabar con los pantalones y las piernas de cualquier jinete. Los vaqueros mejicanos (págs. 8-11) les enseñaron a los estadounidenses a protegerse del chaparro prieto (una especie de espino) con los chaparejos o chaparreras de cuero, lo que en España se llaman zahones y en inglés «chaps» por el término mejicano. Los hay de distintos tipos. Las armitas mejicanas se parecían a un delantal largo y partido que terminaba por debajo de las rodillas. Los de tipo «tubo o escopeta» y los de «ala de murciélago» llegaban hasta los tobillos y se llaman así por su forma. En los fríos pastos del norte, los zahones se hacían de piel de cabra de Angora. Por si no bastara, los zahones protegían además de la lluvia, de los cuernos del ganado, de mordiscos del caballo y de rozaduras en las rodillas al cabalgar.

Vista trasera de un vaquero con armitas *(izquierda)* y otro con zahones de «ala de murciélago» *(derecha).*

Sombrero tipo «pico de Montana» con sus pliegues característicos

Chaleco forrado de piel lanosa

Trenzado de cuero sin curtir alrededor de la copa del *Stetson*

Camisa de tela vaquera con peto

Este vaquero moderno de los 80 lleva zahones «de escopeta» californianos. El cuero está tratado con aceite para garantizar su impermeabilidad. La camisa con peto indica que tal vez se trate de un admirador de John Wayne, que las llevaba así en muchas de sus películas, a pesar de que los vaqueros de verdad no les tenían mucho aprecio. Este vaquero se dedica a una afición bastante común en el Oeste: tallar figuritas de madera.

Zahones de invierno

Cuarto de dólar usado de adorno a modo de concha

Zahones «de escopeta» con flecos a lo largo de la pierna para impedir la entrada de la lluvia

Este cowboy de aproximadamente 1880 es de Wyoming o Montana, estados del norte, y está vestido para protegerse del frío invierno. Los zahones que lleva están hechos de piel de búfalo, que es suave, pesada y veteada, mientras que la camisa con peto es una prenda cara importada de Oriente. El rifle de repetición *Colt Lightning* («Rayo») se puede disparar muy deprisa, pero es preciso limpiarlo y engrasarlo constantemente, sobre todo en invierno, para evitar que se encasquille.

En este cuadro de 1910 el vaquero lleva zahones de piel de cabra de Angora. A esas alturas de siglo, la imagen romántica del vaquero se había vuelto ya enormemente popular gracias a los cuadros de pintores como Frederic Remington (1861-1909) y Charles Russell (1864-1926).

Estos vaqueros llevan tres tipos de zahones distintos que además demuestran lo poco que ha cambiado la vestimenta vaquera desde 1860. El cowboy de la izquierda lleva unos zahones canadienses de cuero grueso hechos en los años 70 de nuestro siglo. La camisa es de algodón en lugar de lana y lleva un pañuelo. El del centro lleva puños de cuero de aproximadamente 1920 y armitas con faja incorporada y bolsillos abiertos en los muslos. Además, sostiene un lazo (en inglés «lariat», del español «la reata» o cuerda para llevar caballos). El vaquero de la derecha lleva unos zahones de gala hechos a medida y del tipo de «alas de murciélago» de grueso cuero con los bordes festoneados. En la mano sostiene una jáquima (que en inglés ha dado «hackamore») o brida especial para el entrenamiento de caballos de menos de cinco años de edad.

Hebilla de cierre en la parte de atrás de la pierna

Lazo de 18 m hecho con cuatro ramales de cuero sin curtir

Mecate de crin de caballo que sirve de riendas unidas y de cuerda de tiro

Muserola o bozo de cuero sin curtir trenzado

Marca de ganado en los zahones

Los flecos van sólo por delante

Stetson de copa alta

Camisa de algodón con botones tipo automático

Puños modernos de cuero

Vaquero moderno de los años 80 con armitas hechas a medida. Son de grueso cuero y con faja o pretina incorporada y van sobre unos pantalones vaqueros. La larga hilera de flecos que acaba rodeando la parte inferior de la pierna no sirve sólo como ornamento, sino que también está pensada para que no los cale la lluvia.

Cinta de cuerda

El vaquero que lleva estos zahones de «ala de murciélago» es tejano y de finales del siglo XIX. Las conchas de plata impiden que las ataduras se deslicen a través del cuero. El sombrero no es un Stetson, sino un Plainsman de fieltro blando a la antigua usanza, si bien las botas de tubo con tacones de quebradillo (inclinados hacia delante) y espuelas de rodaja son típicamente tejanas. El revólver es un modelo de cartuchos Remington 44 de acción simple (que se ha de amartillar a mano antes de cada disparo), arma que algunos preferían al menos robusto Colt 45 (págs. 46-47).

Chaleco de piel de ternero

Los pañuelos iban a veces moteados y a veces estampados, como este de aquí

Camisa de algodón a rayas y sin cuello

Cuarta de cuero sin curtir

Atadura de cuero

Brida partida

Lazo de cuero trenzado

Cuarta (látigo) de tiras de cuero sin curtir trenzadas

Concha de plata

Gancho inferior, que por tradición siempre quedaba suelto

Espuela de rodaja

Vaquero californiano moderno de los años 1980-1990

Vaquero tejano de 1880-1890

Quebradillo (tacón inclinado hacia delante)

La vida en un rancho

COMO ESTABAN AISLADOS EN MEDIO DE LAS GRANDES PRADERAS, los ranchos tenían que ser autosuficientes durante largos períodos. A finales del siglo XIX, los rancheros de los estados septentrionales norteamericanos llegaban a almacenar provisiones y equipo para un año entero. En el interior del continente australiano (págs. 56-57), las granjas y las poblaciones estaban separadas por enormes distancias, que se traducían en un aislamiento más que verdadero, por lo que familias enteras dependían de las lentísimas caravanas de camellos y de bueyes para recibir el correo y los suministros. El servicio aéreo sanitario que se inauguró en 1928, la Escuela del Aire (con clases radiofónicas) desde 1951 y las carreteras modernas han supuesto un importante progreso para los australianos. Los ranchos precisaban de una fuente de agua cercana. Los edificios, normalmente de madera, estaban diseñados para adaptarse a diferentes necesidades y para hacer frente a las inclemencias del tiempo.

El alambre de espino, que se inventó en 1874, lo utilizaron los agricultores estadounidenses para proteger sus cosechas, pero también lo usaron los rancheros, sobre todo a partir de 1885-86, para preservar los mejores pastos y el agua (págs. 18-19). Los vaqueros odiaban con toda su alma las restricciones que trajo consigo, aunque aún les gustaba menos el trabajo de repararlo.

Los cuernos y la piel del ganado se podían aprovechar para fabricar multitud de objetos, incluidos los muebles, tal como se puede ver en esta silla de Kansas City (EEUU).

Asiento de cuero de vaca

Pata de cuerno de vaca *longhorn*

Cuando el trabajo ganadero obligaba a un *gardian* de La Camargue a alejarse de su hogar (págs. 50-51), por las noches buscaba refugio en una *cabane*, una cabaña pequeña que se parece bastante a una barraca valenciana.

La cruz protege al *gardian* en su hogar lejos del hogar

Chimenea de adobe del hogar, que se usaba como instrumento de calefacción y de cocina

Vivienda del rancho. Está hecha con madera pintada

Barandilla para atar los caballos

Barracón hecho con troncos

Repisa para colocar los útiles de afeitado de los vaqueros

Tubo de chimenea para la salida del humo de la cocina

Galería tech

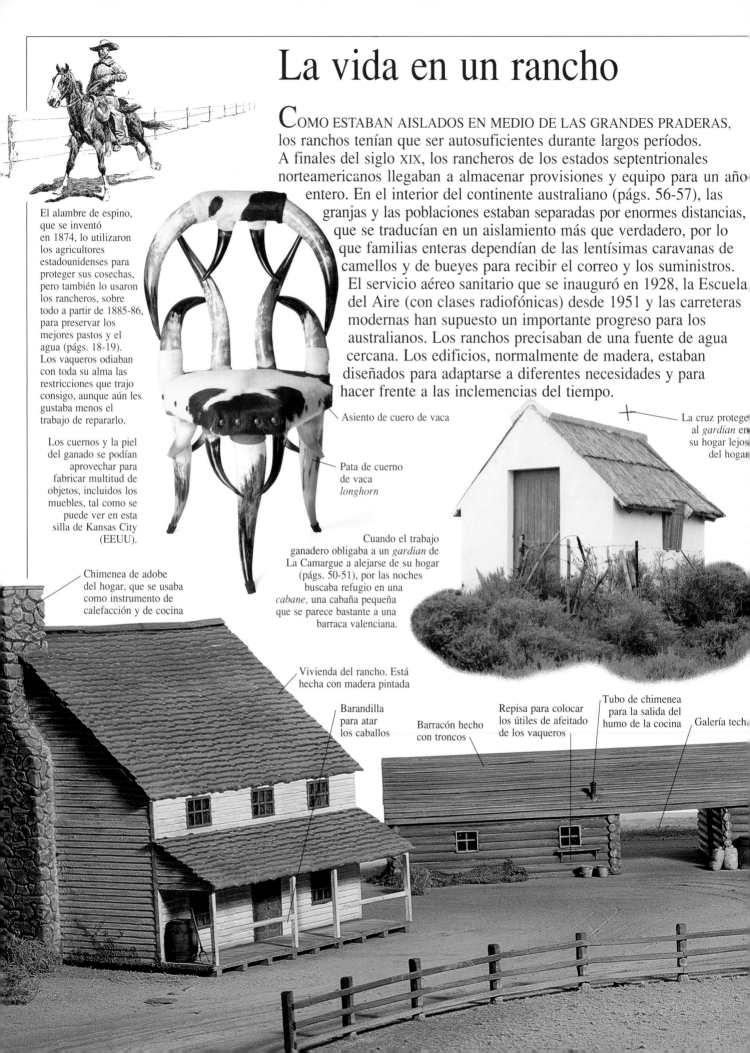

Los pastores de las estepas mongolas inventaron un tipo de vivienda adecuado para su forma de vida seminómada. La yurta es un armazón de palos fácilmente desmontable cubierto de pieles o fieltro lanoso. Lleva también una chimenea central para poder expulsar el humo de las fogatas.

No todos los rancheros argentinos eran ricos «estancieros» (págs. 48-49). Un viajero británico de finales del siglo XIX, al ver las paredes de adobe y los tejados de ramas, creyó que algunos ranchos eran establos, pero en realidad constituían la vivienda de los gauchos y sus familias.

Los edificios de una «estación ganadera», al igual que todas las construcciones agropecuarias australianas, son bajos y presentan una distribución irregular. A veces tienen su origen en una única vivienda de cuatro habitaciones y un solo piso con diseño abierto. Así se podían ir añadiendo más dormitorios y zonas habitables según las necesidades.

Las hojas de los catálogos de compra por correo se usaban para empapelar los barracones. Las páginas dedicadas a los corsés se convirtieron así en una especie de calendario picante.

El rancho típico tejano, que luego se copiaría en todo el Viejo Oeste, consistía en dos largas cabañas conectadas por una galería techada que ayudaba a refrescar el ambiente. Estas cabañas se convertían en el barracón y cocina de los vaqueros cuando el propietario se construía una casa más elegante y cara. El establo de madera acogía el forraje invernal para los caballos, mientras que el molino de viento se ocupaba de bombear agua tanto para las personas como para los animales.

En los EEUU, el servicio de venta por correo ofrecía casi cualquier cosa a la gente que vivía aislada en las praderas. Los catálogos, como este de Bannerman, se examinaban con fruición, incluso entre los que no tenían dinero para comprar nada.

Pala metálica

El molino de viento sacaba agua del pozo artesiano (de agua encontrada entre dos capas de roca bajo la superficie)

Polea para subir el forraje hasta el piso superior del establo

La cerca de madera impide que los animales se escapen del corral

El poste de sujeción retiene la cuerda a la que va atado el caballo que se quiere domar en el corral

Cocina con tejado de madera

Escalera

Abrevadero

Arbusto rodador

Reses y marcas

LOS SERES HUMANOS LLEVAN MILES DE AÑOS CRIANDO GANADO, pero fue la explosión demográfica que tuvo lugar en Europa y América en el siglo XIX lo que convirtió la cría de ganado en una industria. La demanda de carne barata incitó el desarrollo de la cría extensiva en ranchos por todas las praderas del mundo, hasta el punto que se convirtió en un importante negocio en EEUU, Canadá, Brasil, Argentina y Australia. En ninguno de esos países existieron reses hasta que las llevaron los colonos europeos. El ganado europeo era en un principio resistente, pero de escaso tamaño. A partir de 1770, sin embargo, en Gran Bretaña se produjo una revolución ganadera que dio paso a nuevas razas vacunas de carne o engorde mucho más voluminosas, como la *hereford,* la *shorthorn* y la *aberdeen angus.* A partir de 1870, estas razas empezaron a exportarse masivamente para sustituir o cruzarse con los antiguos *longhorns* de origen español que había en el Nuevo Mundo. Por otra parte, en España, Portugal, algunas zonas de Latinoamérica y en La Camargue del sur de Francia todavía se crían toros que sólo están pensados para la lidia.

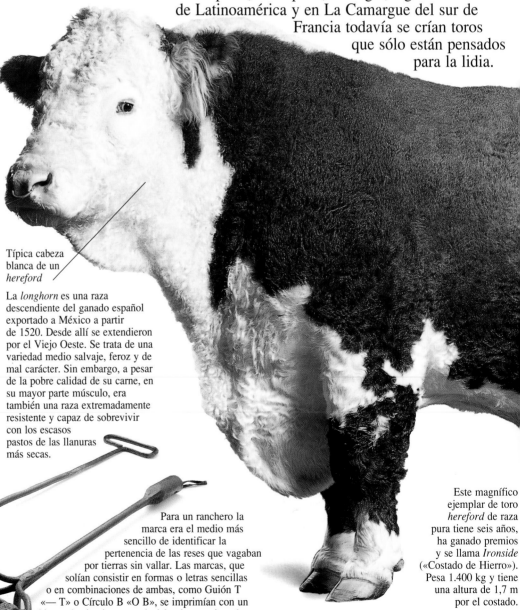

Hasta 1860-1870, los búfalos estuvieron vagando por millones a lo largo y ancho de las praderas norteamericanas. Sin embargo, los cazadores blancos como Buffalo Bill Cody (1846-1917) los sometieron a una matanza inmisericorde para obtener su carne y sus pieles. En uno de los momentos delicados de su ciclo de reproducción, los búfalos estuvieron a punto de convertirse en una especie extinta.

La *hereford,* con su distintiva coloración blanca y rojiza, se considera la raza de carne de mayor éxito, se ha hecho famosa por su resistencia, temprana madurez y rápida y eficaz conversión de la hierba en carne. Al Viejo Oeste llegaron importados de Gran Bretaña a principios de la década de 1880-1890 y, tras cruzarlos con las reses locales, acabaron por sustituir a los *longhorns* en los estados septentrionales de Wyoming y Montana. Gracias a su capacidad para prosperar en cualquier lugar, en la actualidad existen más de cinco millones de *herefords* de raza pura en más de 50 países.

Típica cabeza blanca de un *hereford*

La *longhorn* es una raza descendiente del ganado español exportado a México a partir de 1520. Desde allí se extendieron por el Viejo Oeste. Se trata de una variedad medio salvaje, feroz y de mal carácter. Sin embargo, a pesar de la pobre calidad de su carne, en su mayor parte músculo, era también una raza extremadamente resistente y capaz de sobrevivir con los escasos pastos de las llanuras más secas.

En Texas, además de su marca original, los novillos recibían otra adicional llamada «de camino» detrás de la oreja izquierda al iniciar una conducción de ganado hacia el norte.

Para un ranchero la marca era el medio más sencillo de identificar la pertenencia de las reses que vagaban por tierras sin vallar. Las marcas, que solían consistir en formas o letras sencillas o en combinaciones de ambas, como Guión T «— T» o Círculo B «O B», se imprimían con un hierro al rojo vivo a través de la piel del animal. Los vaqueros afirmaban que a las reses les dolía bastante poco, aunque nadie le ha preguntado a las vacas si eso es verdad.

Dos hierros de marcar norteamericanos

Este magnífico ejemplar de toro *hereford* de raza pura tiene seis años, ha ganado premios y se llama *Ironside* («Costado de Hierro»). Pesa 1.400 kg y tiene una altura de 1,7 m por el costado.

Los ladrones de caballos y ganado practicaban todo tipo de trucos para afirmar que eran propietarios del ganado. A veces colocaban su marca por encima de la ya existente o utilizaban un hierro parecido a un gran atizador para cambiar la marca. Así, por ejemplo, Guión C: «— C», podía cambiarse fácilmente a T Tumbada Círculo: «⊢ ○». Por otro lado, las reses sin marcar, sobre todo los terneros que habían abandonado a sus madres, estaban a disposición del primero que las encontrase, aunque los rancheros tardaron poco en tratar de poner remedio a esta situación.

Los feroces toros negros de La Camargue francesa se crían únicamente para el emocionante y peligroso espectáculo de la *course à la cocarde* (págs. 54-55). Todos los años, los rancheros apartan a los añales durante la *ferrade* y les imprimen la marca de su propietario, igual que en el Viejo Oeste.

Los hierros de marcar de La Camargue francesa se utilizan tanto para los caballos como para los toros

El *aberdeen angus* se crió originalmente, tal como su propio nombre indica, en Aberdeenshire, un condado escocés. Se trata de una raza sin cuernos que madura rápidamente, por lo que tarda poco en estar lista para la venta. Además, contiene una alta proporción de carne de primera calidad y hay incluso quien dice que da los mejores filetes. La raza se introdujo en los EEUU en 1873.

Volvo, un toro *aberdeen angus* de pura raza. Tiene 20 meses y es hijo de un semental canadiense

Los *shorthorns,* como este ejemplar de un grabado de finales del siglo XIX, se criaron originalmente en el condado inglés de Durham. Fueron la raza nueva más popular hasta la aparición de los *herefords.* Los *shorthorns* se exportaron a Australia, Argentina y los EEUU. El primer registro estadounidense de *shorthorns* se estableció en 1846, mientras que en Canadá se hizo en 1867. Los *shorthorns* empezaron a llegar a las praderas septentrionales del Viejo Oeste a partir de 1870.

A los *herefords* se les suele descornar cuando aún son terneros

Emma es una ternera *hereford* de seis meses, hija de *Ironside* (detrás de ella)

La mayor parte de las grandes ciudades estadounidenses tenían «empaquetadoras de carne», firmas que preservaban y empaquetaban la carne para transportarla al mercado. Las que compraban ternera del Oeste estaban radicadas en ciudades como San Louis, Kansas City y alrededores de Chicago. Este absurdo anuncio hecho alrededor de 1880 por una firma neoyorquina muestra a un grupo de vaqueros mejicanos en un muelle de Nueva York.

El apartado

LA SEPARACIÓN O APARTADO DE UNA SOLA RES de entre todo el rebaño de vacas inquietas y prestas a ofenderse ante cualquier interferencia era una tarea rutinaria en el rodeo. Sin embargo, hacía falta mucha habilidad y una auténtica compenetración entre caballo y jinete para enfrentarse a las fintas de unas vacas presas del pánico. El proceso de separación, llamado «apartado», era preciso para retirar ganado ajeno que se había inmiscuido accidentalmente, pero sobre todo para poder marcar a los añales y terneros (págs. 30-31). Los mejores caballos de apartado eran los más apreciados, y los *mustangs* parecían tener un sexto sentido para tratar a las vacas. Con un poco de entrenamiento, los caballos ágiles e inteligentes se podían dirigir hacia el animal que había que atrapar en la confianza de que lo seguiría en cada vuelta y revuelta casi sin necesidad de utilizar las riendas. Existe incluso una leyenda vaquera que afirma que hubo una vez un caballo de apartado que sacó una liebre de en medio de un rebaño.

Para detenerse rápidamente en pleno galope hacen falta buenos frenos. El frenado en seco se utiliza tanto al apartar como con el lazo (págs. 34-35). El caballo adelanta las patas traseras, se echa hacia atrás y patina hasta detenerse. En las demostraciones habituales de frenado de los espectáculos del Oeste *(arriba)*, el caballo debe tratar de lograr una «parada con deslizamiento» en un espacio de entre 7,5 y 9 m.

1 El caballo y el jinete han de comenzar su operación de separado con sigilo para no alarmar al rebaño ni, por supuesto, al animal elegido hasta el último momento. El jinete lleva las riendas sueltas y el caballo tiene la vista clavada en el objetivo.

2 Cuando la res echa a correr comienza una frenética carrera de acelerones y amagos entre caballo y ternero. El caballo intentará mantenerse entre el rebaño y el ternero para obligarlo a salir a campo abierto en dirección a la fogata donde están los hierros de marcar.

Tanto el jinete como el caballo mantienen siempre el contacto visual con el ternero durante el apartado

Esta yegua *quarter,* de nombre *Dust My Tucker* («Quítale el polvo a mi papeo»), es un magnífico caballo de apartado con sus 7 años y 15,1 palmos de alzada

El caballo se vuelve hacia una dirección, pero de modo que siempre esté dispuesto a girar abruptamente en la contraria si es preciso

Algunos vaqueros (págs. 10-11) utilizaban sistemas brutales de entrenamiento con sus caballos. Para enseñarle a obedecer a las riendas, le vendaban los ojos al caballo y lo lanzaban a galope tendido contra un muro. Estos vaqueros mejicanos modernos están acosando a unos cebús (págs. 50-51).

Los vaqueros de antaño no parecían dedicar demasiado tiempo al entrenamiento del caballo. Confiaban en que los dotados de una inteligencia y habilidad naturales aprendiesen a apartar mientras lo hacían. Hoy en día se puede enseñar a los caballos utilizando un ternero mecánico de plástico que, puesto sobre unos raíles, es capaz de moverse rápidamente y cambiar de dirección con brusquedad.

El caballo adopta expresiones amenazadoras, con las orejas aplastadas, para intimidar al ternero

Las revistas con historias del Oeste florecieron a partir de 1910 y sus ilustraciones de portada eran frecuentemente obra de conocidos pintores. En su intento de lograr una imagen impactante, este pintor ha metido a su vaquero en un verdadero apuro. Es de esperar que el caballo sepa qué hacer, porque lo que está claro es que el jinete no lo sabe.

WEST
LATE DECEMBER
1/-
JAMES STEVENS
GEORGE C FRANKLIN
SKEETER BILL FINDS A GUN
BY
W. C TUTTLE

Ternero mezcla de *hereford* y *aberdeen angus*

Las riendas sueltas permiten que el caballo pueda guiarse por su instinto, sin intervención del jinete

Los pies, piernas y cuerpo del jinete han de impartir claras instrucciones al caballo durante la faena

3 Una vez en campo abierto, el ternero elegido hará intentos desesperados por volver a reunirse con el rebaño: giros, fintas y acelerones por detrás del caballo. Los mejores caballos de apartado son capaces de frenar en seco en pleno galope y salir disparados de inmediato en otra dirección. Los jinetes deben mantener el equilibrio sobre sus caballos si no quieren salir despedidos.

Éste es el aspecto que tiene el ternero a ojos del caballo: pequeño, cabezota y ágil. En este caso se trata de un cruce de *hereford* y *aberdeen angus,* pero eso no lo hace más manejable.

Continúa en la página siguiente

El arte del lazo era tan impresionante que se convirtió en un espectáculo comercial. Los vaqueros del espectáculo del Salvaje Oeste de Buffalo Bill (págs. 60-61) hacían exhibiciones de uso del lazo y, a comienzos de nuestro siglo, los números con lazo se hicieron populares en el teatro de variedades. Durante muchos años, el afamado actor Will Rogers (1870-1935) se dedicó a incluir trucos con el lazo en su número cómico.

Lazo suramericano hecho de cuero sin curtir

Antigua cuerda sisal hecha de ese tipo de cáñamo trenzado (hacia 1890-1900)

Cuerda vaquera moderna hecha de cáñamo

Al principio, en los EEUU se copiaron los lazos mejicanos de cuero sin curtir trenzado que se utilizaban por toda Hispanoamérica. Posteriormente adoptaron la cuerda de fibra vegetal trenzada, especialmente la de sisal (la rígida fibra de la «agave sisalana», una planta de México). Las cuerdas modernas están hechas de nailon o de una mezcla de fibras naturales y artificiales.

En el espectáculo del rodeo, el vaquero sostiene el cordel de inmovilización entre los dientes

Hondón

En el espectáculo del rodeo, el lazo se pasa por la cabeza del ternero

Cuando el ternero era pequeño, el vaquero de verdad solía apuntar a los «talones», arrojando el lazo lateralmente con el objeto de deslizar la cuerda por debajo de las patas traseras del animal. Si lo lograba, ya no era difícil arrastrarlo hasta la fogata donde aguardaban los hierros de marcar.

Fueron los vaqueros mejicanos los que les enseñaron el oficio a los estadounidenses (págs. 10-11). Fueron también ellos los que perfeccionaron el uso del lazo (o reata) y desarrollaron las técnicas necesarias para atrapar reses y caballos.

En un espectáculo de rodeo, al ternero se le enlaza por la cabeza y se le atan las patas con un cordel

En los espectáculos de rodeo, el caballo lleva canilleras

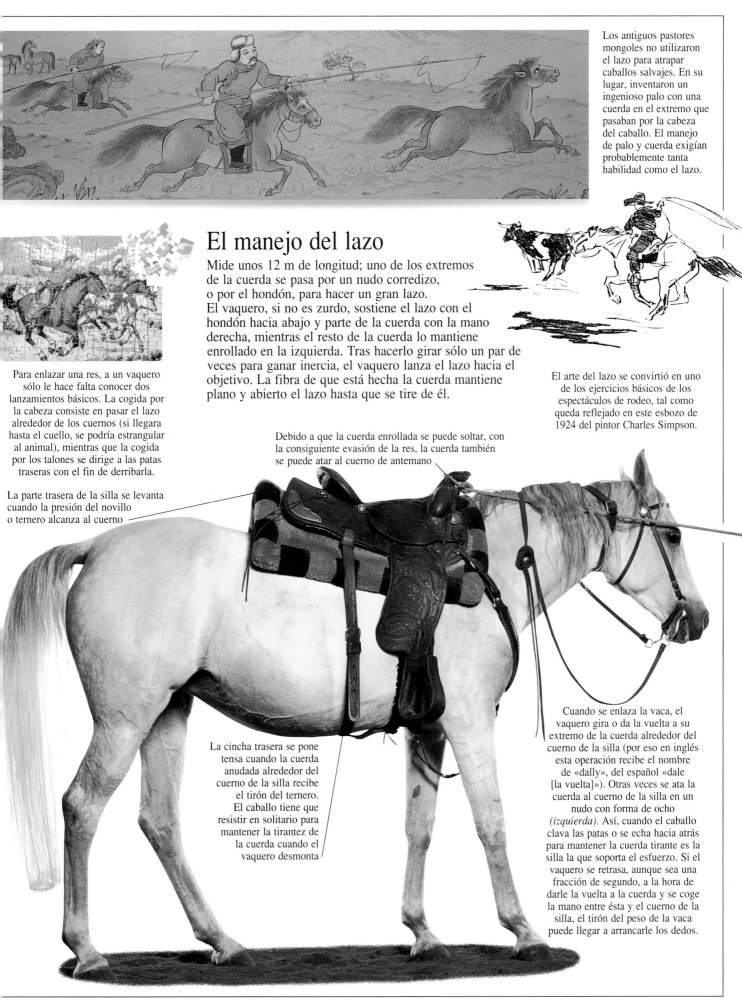

Los antiguos pastores mongoles no utilizaron el lazo para atrapar caballos salvajes. En su lugar, inventaron un ingenioso palo con una cuerda en el extremo que pasaban por la cabeza del caballo. El manejo de palo y cuerda exigían probablemente tanta habilidad como el lazo.

El manejo del lazo

Mide unos 12 m de longitud; uno de los extremos de la cuerda se pasa por un nudo corredizo, o por el hondón, para hacer un gran lazo.
El vaquero, si no es zurdo, sostiene el lazo con el hondón hacia abajo y parte de la cuerda con la mano derecha, mientras el resto de la cuerda lo mantiene enrollado en la izquierda. Tras hacerlo girar sólo un par de veces para ganar inercia, el vaquero lanza el lazo hacia el objetivo. La fibra de que está hecha la cuerda mantiene plano y abierto el lazo hasta que se tire de él.

El arte del lazo se convirtió en uno de los ejercicios básicos de los espectáculos de rodeo, tal como queda reflejado en este esbozo de 1924 del pintor Charles Simpson.

Para enlazar una res, a un vaquero sólo le hace falta conocer dos lanzamientos básicos. La cogida por la cabeza consiste en pasar el lazo alrededor de los cuernos (si llegara hasta el cuello, se podría estrangular al animal), mientras que la cogida por los talones se dirige a las patas traseras con el fin de derribarla.

Debido a que la cuerda enrollada se puede soltar, con la consiguiente evasión de la res, la cuerda también se puede atar al cuerno de antemano

La parte trasera de la silla se levanta cuando la presión del novillo o ternero alcanza al cuerno

La cincha trasera se pone tensa cuando la cuerda anudada alrededor del cuerno de la silla recibe el tirón del ternero. El caballo tiene que resistir en solitario para mantener la tirantez de la cuerda cuando el vaquero desmonta

Cuando se enlaza la vaca, el vaquero gira o da la vuelta a su extremo de la cuerda alrededor del cuerno de la silla (por eso en inglés esta operación recibe el nombre de «dally», del español «dale [la vuelta]»). Otras veces se ata la cuerda al cuerno de la silla en un nudo con forma de ocho *(izquierda)*. Así, cuando el caballo clava las patas o se echa hacia atrás para mantener la cuerda tirante es la silla la que soporta el esfuerzo. Si el vaquero se retrasa, aunque sea una fracción de segundo, a la hora de darle la vuelta a la cuerda y se coge la mano entre ésta y el cuerno de la silla, el tirón del peso de la vaca puede llegar a arrancarle los dedos.

La casa de la pradera

EN LOS CAMINOS Y EN LOS RODEOS, el cocinero era el rey. Los vaqueros hambrientos tenían una necesidad más que real de comida caliente y nadie se atrevía a criticar al que la preparaba. Su carromato hacía de despensa y cocina todo en uno. En una serie de cajoneras llevaba tanto un surtido de elementos básicos (harina, manteca, café, etc.) como los lujos (manzanas secas o pasas). Dentro del carromato había mantas y repuestos de todo tipo. La comida se cocinaba en un estante plegable de la parte trasera. El menú habitual consistía en «barriga de cerdo» (panceta), alubias y pan (hecho con una pasta que luego se freía). La carne se estropeaba muy rápidamente, por lo que, a pesar de las toneladas de ternera que tenían a mano, seguían cazando liebres, gallos de la pradera (una especie de urogallo) y, en el estado norteño de Wyoming, antílopes para echarlos en la cazuela.

Los grandes aros metálicos se podían cubrir con lona si empezaba a hacer demasiado calor o a llover

Asiento del conductor

Freno de mano

El «pequeño gallo de la pradera» vivía en zonas semidesérticas

Plataforma del carromato para la carga suelta

Los cocineros verdaderamente profesionales estaban siempre ojo avizor a la búsqueda de carne extra que aliviase la monotonía del tocino. El problema es que los animales comestibles que se podían encontrar por los caminos (págs. 38-39) se movían con rapidez. Los gallos de la pradera y las liebres (que se cazaban con escopeta) y el antílope (con rifles de largo alcance) eran buen componente para suculentos guisos.

Las liebres se hallaban en las praderas al este de California

Los antílopes eran en realidad ciervos de pequeños cuernos de una especie llamada berrendo o antilocapra

Las ruedas delanteras son menores que las traseras para poder girar con más facilidad

Cuerda de repuesto

Barril para agua

«Dan el Desesperado», un famoso personaje de tebeos del Oeste

Pastel de ternera

Chapita con el símbolo del toro

La famosa etiqueta del toro va en todos los paquetes

Obra del historietista Dudley D. Watkins en 1937, «Dan el Desesperado de Villacactus» se dedicaba a destrozar tabernas enteras y a engullir pasteles de ternera.

Algunos vaqueros mascaban tabaco, pero los que fumaban despreciaban los cigarrillos hechos en serie y preferían liarse los suyos. El tabaco de mezcla *Bull Durham* iba en bolsitas de muselina de cinco centavos, y los papelillos eran gratis.

Tabaco de la marca *Bull Durham* («Toro Durham»)

El primer diseño del carromato de cocinero lo hizo el ganadero Charles Goodnight en 1866, cuando adaptó un viejo carro del ejército para la labor. Le añadió cuatro elementos: un barril con agua para dos días, una pesada caja de herramientas, aros para poner un toldo protector y, lo más importante, una caja a modo de despensa.

Caja de la comida (cajonera) con las materias primas para cocinar: harina, café, alubias, azúcar e incluso forraje para los caballos de tiro

Lámpara metálica con asa

Sartén

Taza de café

Ropa de cama

Gancho extra

Freno de la rueda trasera

«Cacerola fregadero» o balde

Cazuela grande para guisos en fogata al aire libre

Bandeja metálica

Las comidas de los cowboys no eran precisamente un banquete. Los alimentos eran repetitivos y malsanos, mientras que los cocineros solían ser cowboys «aviados» (retirados por lesión) sin ningún conocimiento culinario. La higiene era inexistente: tazas y platos iban a parar al balde o «cazo fregadero» y se frotaban un poco con arena si no sobraba el agua. No es pues sorprendente que, al llegar a una ciudad (págs. 42-43), los vaqueros se gastasen el dinero en huevos y chuletas tanto como en alcohol.

Las herramientas (pala, hacha o hierros de marcar, por ejemplo) se almacenaban en una caja de herramientas situada bajo la que contenía la comida

Frutos secos

El soporte de la tapa con bisagras de la caja de la comida gira y se despliega para sujetar la mesa de trabajo del cocinero

Delantal hecho con un viejo saco de lona

Un rebaño de 2.500 cabezas podía llegar a extenderse a lo largo de una milla (más de 1,5 km) y sólo lo guardaban unos 15 vaqueros que tenían que respirar como podían entre el polvo, tal como refleja este grabado de 1870-1880, que representa una conducción de ganado de Texas a Abilene.

El camino

LA CONDUCCIÓN DE GANADO a lo largo de más de 1.500 km a través de territorios llenos de peligros convertía el negocio en aventura épica. En los Estados Unidos, las grandes ciudades del este precisaban carne, mientras que al sur, en Texas, había cinco millones de cabezas vagando semisalvajes y, en el centro norte, la vía férrea unía el Oeste con las industrias cárnicas de Chicago. Todo ello dio lugar a las primeras conducciones de ganado. Cuando la época dorada de la ganadería extendió los ranchos más al norte en 1880-1881, las reses se tuvieron que llevar a las remotas zonas noroccidentales de Wyoming, Montana y las Dakotas. La llegada del ferrocarril al sur de Texas y los excedentes producidos en el noroeste pusieron fin a las conducciones a principios de la década de 1880-1890. Por otro lado, en su búsqueda de pastos los vaqueros australianos abrieron nuevos caminos por territorios desconocidos, defendidos a veces por aborígenes hostiles. En 1883 se marcó un récord al conducir 8.000 reses a lo largo de 4.000 km.

Dos cuchillos de cazador estilo Bowie (hacia 1900)

Mango de hueso

Mango de madera

Estría de la hoja de acero

Popularizado por el aventurero tejano coronel James Bowie (1799-1836), el cuchillo bowie (pronunciado «buui») constituía un arma formidable. La mayor parte de los vaqueros lo llevaban a modo de cuchillo para todo. Si bien estaba pensado para la guerra, también lo usaban los cazadores.

FC NORTHERN PACIFIC

Portland — 1883

Helena

Virginia City

1869

Salt Lake City

FC CENTRAL PACIFIC

San Francisco

San Luis Obispo

Río Colorado

Los Ángeles

OCÉANO PACÍFICO

San Diego

FC SOUTHERN PACIFIC

N

O   E

S

Cuernos de *longhorn* con 1,5 m de punta a punta

El ganado tejano tenía cuernos largos de verdad y no era nada raro que alcanzasen el metro y medio de punta a punta. Se trata de una raza que desciende del ganado ibérico llevado por los españoles (págs. 30-31) y que se estuvo criando en libertad durante la Guerra de Secesión estadounidense (1861-1865). Los vaqueros sabían que los *longhorns* eran animales salvajes de verdad, feroces, malhumorados y peligrosos, y que un rebaño de ellos constituía algo muy serio de manejar (págs. 40-41).

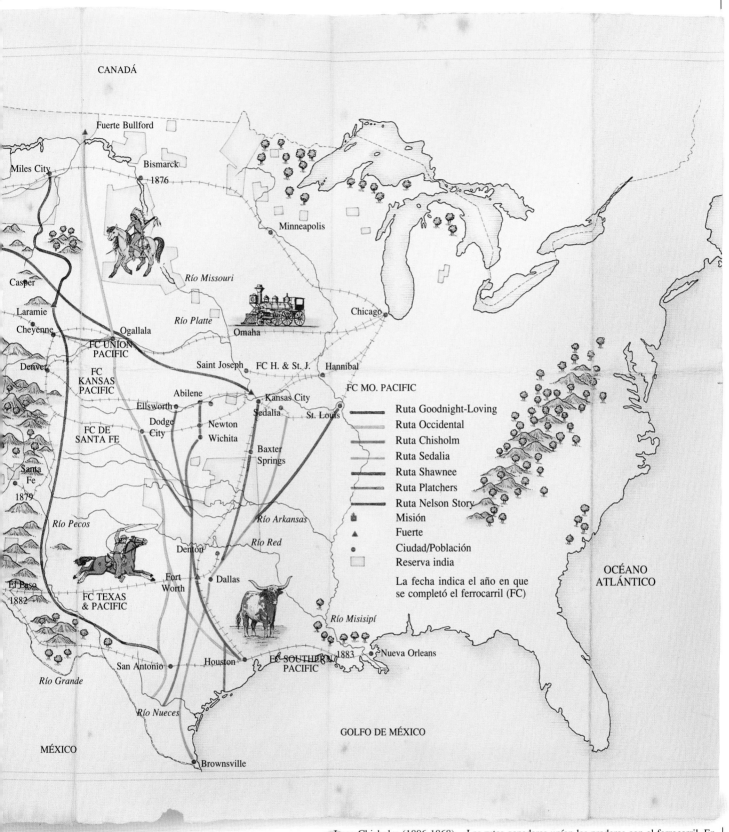

CANADÁ

Fuerte Bullford

Miles City

Bismarck
1876

Minneapolis

Río Missouri

Casper

Laramie

Cheyenne

Ogallala

FC UNIÓN
PACIFIC

Río Platte

Omaha

Chicago

Denver

FC
KANSAS
PACIFIC

Saint Joseph

FC H. & St. J.

Hannibal

FC MO. PACIFIC

Abilene

Kansas City

Ellsworth

Sedalia

St. Louis

Dodge
City

Newton

Wichita

FC DE
SANTA FE

Santa
Fe
1879

Baxter
Springs

Ruta Goodnight-Loving

Ruta Occidental

Ruta Chisholm

Ruta Sedalia

Ruta Shawnee

Ruta Platchers

Ruta Nelson Story

Misión

Fuerte

Ciudad/Población

Reserva india

Río Pecos

Río Arkansas

Río Red

Denton

El Paso
1882

Fort
Worth

Dallas

FC TEXAS
& PACIFIC

La fecha indica el año en que
se completó el ferrocarril (FC)

OCÉANO
ATLÁNTICO

Río Misisipí

San Antonio

Houston

FC SOUTHERN
PACIFIC

1883

Nueva Orleans

Río Grande

Río Nueces

GOLFO DE MÉXICO

MÉXICO

Brownsville

Conducir un rebaño en
pleno invierno del
noroeste era un
trabajo durísimo.
Los impermeables
de hule constituían
la única protección
contra la lluvia y la nieve.

Jesse Chisholm (1806-1868)
estableció una ruta
de Texas a Kansas
durante la Guerra de
Secesión (1861-1865).
Después se
convertiría en
el camino
ganadero
que llevaba
a Abilene.

Las rutas ganaderas unían las praderas con el ferrocarril. En
1866 el temor a que las fiebres tejanas contagiaran al ganado
local hizo cerrar la frontera del estado central de Missouri.
La ruta alternativa de Chisholm sirvió para conducir dos
millones de cabezas hasta los ferrocarriles de Kansas (al
oeste de Missouri) entre 1867 y 1871. En la década de
1870-1880 la ruta ganadera iba directamente a Dodge City,
Kansas. La ruta Goodnight-Loving, que eran los apellidos de
dos rancheros, se estableció en 1866 para suministrar carne
a las poblaciones mineras del estado de Colorado (centro
oeste) y a Wyoming y Montana (al norte de Colorado).

Continúa en la página siguiente

Los peligros del camino

La conducción de ganado era un trabajo duro. Eran horas y más horas de tedio y atontamiento mezcladas con instantes de verdadero peligro. Los vaqueros casi nunca veían indios hostiles. La mayor parte del tiempo se empleaban cabalgando a los flancos del rebaño para impedir extravíos de reses, mientras el jinete «rastrillo», el de retaguardia, iba asfixiado por el polvo y tratando de azuzar a las vacas rezagadas. La mayor preocupación consistía en encontrar agua al final de la jornada. Pero el ganado de las praderas se asustaba con facilidad, tenía muy mal genio y no era demasiado inteligente. Al cruzar los ríos no sólo cabía el peligro de que se ahogasen, sino de que, presas del pánico, arrastraran consigo a algún vaquero. Con todo, las estampidas constituían la mayor amenaza, pues un error milimétrico en medio de aquel mar de cuernos embravecidos y del martilleo de cascos era como firmar la propia sentencia de muerte.

El ganado era nervioso hasta la exageración. Un rebaño entero se podía asustar por la cosa más inesperada: un ruido repentino, un olor no habitual o, por supuesto, los rayos. Así, sin previo aviso, las reses salían en estampida y echaban a correr sin parar a lo largo de kilómetros enteros. A los vaqueros sólo les quedaba la esperanza de llegar cabalgando a la cabeza del rebaño y, a tiros, agitando los sombreros y chillando, asustar a los que iban delante para que giraran hasta tener a todo el rebaño corriendo en círculo.

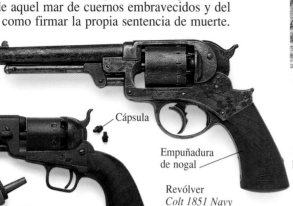

El revólver *Starr 44* fue uno de los primeros modelos de doble acción en los que el percutor se monta automáticamente al apretar el gatillo

Fulminante

Cápsula

Empuñadura de nogal

Revólver *Colt 1851 Navy* («Armada») de calibre 36

Bolsita con pólvora

Cajita con fulminantes

Los cowboys usaban su revólver casi siempre para enfrentarse a los peligros del camino. A veces podía ser necesario matar a un caballo afectado de una lesión incurable, a un novillo enloquecido o a una serpiente de cascabel. También había que disparar al aire para obligar a cambiar de dirección a un rebaño en estampida o para lanzar la señal de socorro tradicional (tres disparos).

Los osos grises o *grizzly* consideraban a los caballos y al ganado como comida legítima. Dada su ferocidad, sus 2,4 m de altura y su peso de hasta 365 kg, los osos grises eran un peligro serio aunque infrecuente. Estos colmillos pertenecían a un oso gris cazado en Canadá tras haber matado a unas reses (el cartucho de rifle nos da una idea del tamaño de los dientes).

El lobo de los bosques estadounidenses constituía un serio problema para los rancheros. Los lobos no eran ninguna amenaza para las vidas humanas, pero cuando los cazadores blancos acabaron con los búfalos (págs. 30-31), pasaron a alimentarse de terneras y potrillos. A los lobos los mataban con trampas o los envenenaban poniéndoles cebos rociados con estricnina.

Los osos pardos vagaban por cualquier parte de los EEUU en que hubiera territorio salvaje, montañoso o boscoso. Eran omnívoros (comían tanto carne como vegetales) y aprendieron a incluir a los terneros en su dieta. Con una longitud de hasta 1,8 m y un peso entre los 90 y los 250 kg, se volvían peligrosos si se les asustaba.

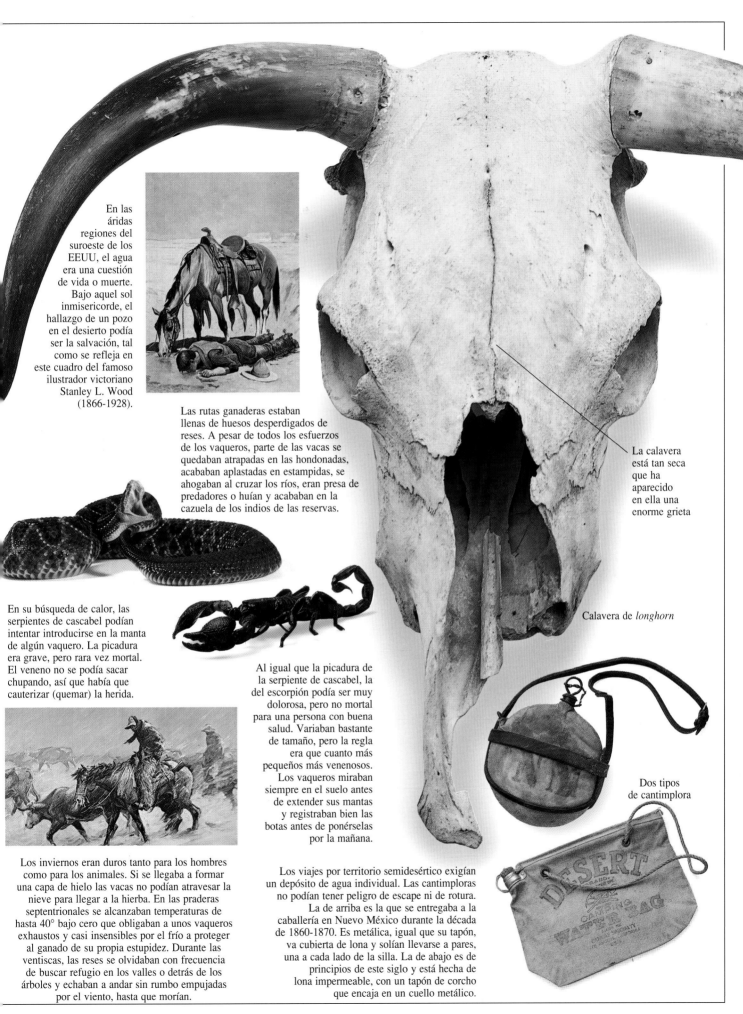

En las áridas regiones del suroeste de los EEUU, el agua era una cuestión de vida o muerte. Bajo aquel sol inmisericorde, el hallazgo de un pozo en el desierto podía ser la salvación, tal como se refleja en este cuadro del famoso ilustrador victoriano Stanley L. Wood (1866-1928).

Las rutas ganaderas estaban llenas de huesos desperdigados de reses. A pesar de todos los esfuerzos de los vaqueros, parte de las vacas se quedaban atrapadas en las hondonadas, acababan aplastadas en estampidas, se ahogaban al cruzar los ríos, eran presa de predadores o huían y acababan en la cazuela de los indios de las reservas.

La calavera está tan seca que ha aparecido en ella una enorme grieta

Calavera de *longhorn*

En su búsqueda de calor, las serpientes de cascabel podían intentar introducirse en la manta de algún vaquero. La picadura era grave, pero rara vez mortal. El veneno no se podía sacar chupando, así que había que cauterizar (quemar) la herida.

Al igual que la picadura de la serpiente de cascabel, la del escorpión podía ser muy dolorosa, pero no mortal para una persona con buena salud. Variaban bastante de tamaño, pero la regla era que cuanto más pequeños más venenosos. Los vaqueros miraban siempre en el suelo antes de extender sus mantas y registraban bien las botas antes de ponérselas por la mañana.

Dos tipos de cantimplora

Los inviernos eran duros tanto para los hombres como para los animales. Si se llegaba a formar una capa de hielo las vacas no podían atravesar la nieve para llegar a la hierba. En las praderas septentrionales se alcanzaban temperaturas de hasta 40° bajo cero que obligaban a unos vaqueros exhaustos y casi insensibles por el frío a proteger al ganado de su propia estupidez. Durante las ventiscas, las reses se olvidaban con frecuencia de buscar refugio en los valles o detrás de los árboles y echaban a andar sin rumbo empujadas por el viento, hasta que morían.

Los viajes por territorio semidesértico exigían un depósito de agua individual. Las cantimploras no podían tener peligro de escape ni de rotura. La de arriba es la que se entregaba a la caballería en Nuevo México durante la década de 1860-1870. Es metálica, igual que su tapón, va cubierta de lona y solían llevarse a pares, una a cada lado de la silla. La de abajo es de principios de este siglo y está hecha de lona impermeable, con un tapón de corcho que encaja en un cuello metálico.

La ley y el orden

LOS AGENTES DE LA LEY DE OJOS ACERADOS y rápidos en el momento de desenfundar se ocupaban de mantener el orden sólo en la frontera hollywoodense. En el auténtico Oeste las cosas solían ser menos emocionantes. Las funciones principales de un *sheriff* elegido por el condado incluían el cobro de impuestos locales tanto como el mantenimiento de la ley. Los *marshals* o jefes de policía de una población, normalmente elegidos por el ayuntamiento, tenían como misión imponer las normativas sanitarias y de seguridad, cobrar las tasas por distintas licencias municipales y hacer cumplir los mandamientos judiciales. Ambos puestos conllevaban un gran poder y la ocasión de hacer dinero, por lo que estaban muy solicitados. Los pistoleros eran nombrados agentes de la ley únicamente en las poblaciones ganaderas y mineras, e incluso en ellas sólo cuando las circunstancias lo exigían.

Los duelos bajo el sol no eran tan habituales como dan a entender las películas del Oeste. Este dibujo de Remington se basa posiblemente en uno que tuvo lugar entre Luke Short y Jim Courtright en Fort Worth, Texas, en 1887.

Llaves del calabozo del *sheriff*

Placa de plata de *marshal* (hacia 1870)

Las sentencias de muerte eran poco habituales en el Oeste. La cárcel, como la de Yuma en el estado de Arizona, fronterizo con México, era el destino final de muchos delincuentes. Ésta es una placa de latón de guardián de prisiones de principios del siglo XX.

Placa de plata de *marshal* (1897)

A veces, en lugar de hombres honrados, eran personajes de carácter turbio los que se convertían en *marshals*. Virgil (1843-1906), el hermano de Wyatt Earp, ostentó el cargo en Tombstone, Arizona, durante 1879.

El *marshal* de Deadwood, una población minera del territorio septentrional de Dakota, tuvo que enfrentarse a frecuentes asaltos a la diligencia, así como al asesinato de Wild Bill Hickok (1837-1876).

Placa de níquel de agente especial

Placa de níquel de vigilante de un banco

Placa de níquel de policía ferroviario

La Wells Fargo, una poderosa compañía bancaria y de diligencias, tenía su propio cuerpo policial y de vigilancia. Sus agentes especiales eran detectives competentes e incansables dedicados a perseguir a los que hubieran robado a su empresa.

Tras varios meses de conducción de un rebaño (págs. 38-39), al llegar a las ciudades ganaderas de Kansas los vaqueros tejanos se gastaban rápidamente el dinero, que tanto les había costado ganar, en alcohol, juegos de cartas y mujeres. Incluso estando de buenas, eran capaces de organizar alocados tiroteos y, si no se les controlaba, podían provocar fácilmente situaciones de verdadera violencia. Los ciudadanos respetables exigían que la ley se hiciera cumplir con mano dura. Wichita *(arriba)* tuvo siete *marshals* entre 1868 y 1871, todos ellos ineficaces hasta que el férreo mandato de Michael Meager (1871-1874) logró devolver el orden a la ciudad.

Placa de Pinkerton (1860)

Tras su fundación en 1835, el cuerpo de *rangers* de Texas se reformó en 1873 para dividirlo en dos fuerzas: un Batallón Fronterizo encargado de neutralizar a los indios y una Fuerza Especial, dedicada a la persecución de bandidos y ladrones de ganado. Los *rangers* forman parte del Departamento de Seguridad Pública (Ministerio del Interior) desde 1935.

La agencia de detectives Pinkerton constituía una poderosísima organización privada. En el Oeste se les odiaba por haber matado con una bomba a la familia James (págs. 44-45) y por romper las huelgas mineras en la década de 1880-1890.

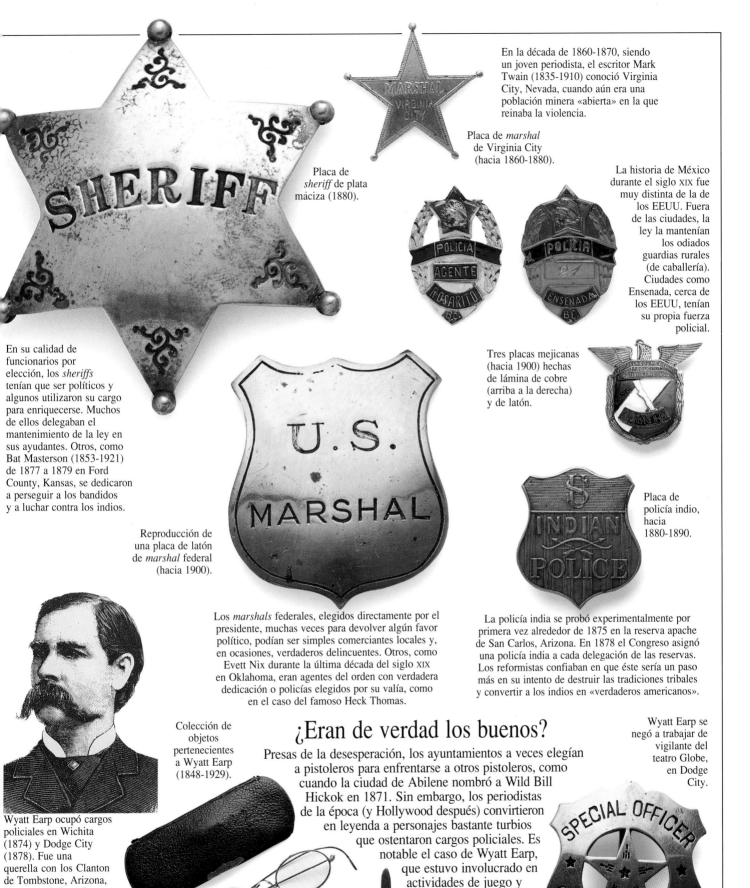

En la década de 1860-1870, siendo un joven periodista, el escritor Mark Twain (1835-1910) conoció Virginia City, Nevada, cuando aún era una población minera «abierta» en la que reinaba la violencia.

Placa de *marshal* de Virginia City (hacia 1860-1880).

Placa de *sheriff* de plata máciza (1880).

La historia de México durante el siglo XIX fue muy distinta de la de los EEUU. Fuera de las ciudades, la ley la mantenían los odiados guardias rurales (de caballería). Ciudades como Ensenada, cerca de los EEUU, tenían su propia fuerza policial.

En su calidad de funcionarios por elección, los *sheriffs* tenían que ser políticos y algunos utilizaron su cargo para enriquecerse. Muchos de ellos delegaban el mantenimiento de la ley en sus ayudantes. Otros, como Bat Masterson (1853-1921) de 1877 a 1879 en Ford County, Kansas, se dedicaron a perseguir a los bandidos y a luchar contra los indios.

Tres placas mejicanas (hacia 1900) hechas de lámina de cobre (arriba a la derecha) y de latón.

U.S. MARSHAL

Reproducción de una placa de latón de *marshal* federal (hacia 1900).

Placa de policía indio, hacia 1880-1890.

Los *marshals* federales, elegidos directamente por el presidente, muchas veces para devolver algún favor político, podían ser simples comerciantes locales y, en ocasiones, verdaderos delincuentes. Otros, como Evett Nix durante la última década del siglo XIX en Oklahoma, eran agentes del orden con verdadera dedicación o policías elegidos por su valía, como en el caso del famoso Heck Thomas.

La policía india se probó experimentalmente por primera vez alrededor de 1875 en la reserva apache de San Carlos, Arizona. En 1878 el Congreso asignó una policía india a cada delegación de las reservas. Los reformistas confiaban en que éste sería un paso más en su intento de destruir las tradiciones tribales y convertir a los indios en «verdaderos americanos».

Colección de objetos pertenecientes a Wyatt Earp (1848-1929).

Wyatt Earp se negó a trabajar de vigilante del teatro Globe, en Dodge City.

¿Eran de verdad los buenos?

Presas de la desesperación, los ayuntamientos a veces elegían a pistoleros para enfrentarse a otros pistoleros, como cuando la ciudad de Abilene nombró a Wild Bill Hickok en 1871. Sin embargo, los periodistas de la época (y Hollywood después) convirtieron en leyenda a personajes bastante turbios que ostentaron cargos policiales. Es notable el caso de Wyatt Earp, que estuvo involucrado en actividades de juego y prostitución.

Wyatt Earp ocupó cargos policiales en Wichita (1874) y Dodge City (1878). Fue una querella con los Clanton de Tombstone, Arizona, lo que condujo al famoso duelo del OK Corral en octubre de 1881. Posteriormente se hizo jugador y buscador de oro y acabó vagabundeando por los platós cinematográficos de Hollywood. Su fama de caballero andante de la ley y el orden fue una invención pura y simple de Stuart Lake en el libro *Frontier Marshal* («*Marshal de la frontera*») (1931).

Moneda de oro de 20 dólares

Petaca para el tabaco hecha con un asta por el padre de Earp.

43

Pistolas y pistoleros

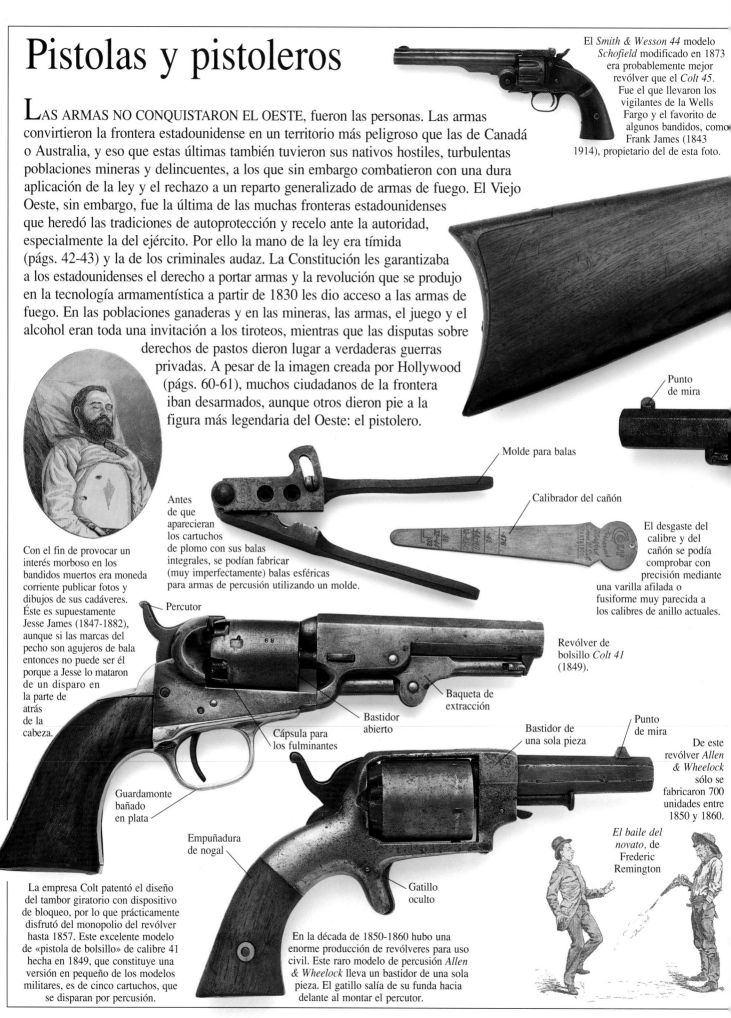

LAS ARMAS NO CONQUISTARON EL OESTE, fueron las personas. Las armas convirtieron la frontera estadounidense en un territorio más peligroso que las de Canadá o Australia, y eso que estas últimas también tuvieron sus nativos hostiles, turbulentas poblaciones mineras y delincuentes, a los que sin embargo combatieron con una dura aplicación de la ley y el rechazo a un reparto generalizado de armas de fuego. El Viejo Oeste, sin embargo, fue la última de las muchas fronteras estadounidenses que heredó las tradiciones de autoprotección y recelo ante la autoridad, especialmente la del ejército. Por ello la mano de la ley era tímida (págs. 42-43) y la de los criminales audaz. La Constitución les garantizaba a los estadounidenses el derecho a portar armas y la revolución que se produjo en la tecnología armamentística a partir de 1830 les dio acceso a las armas de fuego. En las poblaciones ganaderas y en las mineras, las armas, el juego y el alcohol eran toda una invitación a los tiroteos, mientras que las disputas sobre derechos de pastos dieron lugar a verdaderas guerras privadas. A pesar de la imagen creada por Hollywood (págs. 60-61), muchos ciudadanos de la frontera iban desarmados, aunque otros dieron pie a la figura más legendaria del Oeste: el pistolero.

El *Smith & Wesson 44* modelo *Schofield* modificado en 1873 era probablemente mejor revólver que el *Colt 45*. Fue el que llevaron los vigilantes de la Wells Fargo y el favorito de algunos bandidos, como Frank James (1843 1914), propietario del de esta foto.

Con el fin de provocar un interés morboso en los bandidos muertos era moneda corriente publicar fotos y dibujos de sus cadáveres. Éste es supuestamente Jesse James (1847-1882), aunque si las marcas del pecho son agujeros de bala entonces no puede ser él porque a Jesse lo mataron de un disparo en la parte de atrás de la cabeza.

Antes de que aparecieran los cartuchos de plomo con sus balas integrales, se podían fabricar (muy imperfectamente) balas esféricas para armas de percusión utilizando un molde.

Molde para balas

Calibrador del cañón

El desgaste del calibre y del cañón se podía comprobar con precisión mediante una varilla afilada o fusiforme muy parecida a los calibres de anillo actuales.

Punto de mira

Percutor

Revólver de bolsillo *Colt 41* (1849).

Baqueta de extracción

Bastidor abierto

Cápsula para los fulminantes

Guardamonte bañado en plata

Bastidor de una sola pieza

Punto de mira

De este revólver *Allen & Wheelock* sólo se fabricaron 700 unidades entre 1850 y 1860.

Empuñadura de nogal

La empresa Colt patentó el diseño del tambor giratorio con dispositivo de bloqueo, por lo que prácticamente disfrutó del monopolio del revólver hasta 1857. Este excelente modelo de «pistola de bolsillo» de calibre 41 hecha en 1849, que constituye una versión en pequeño de los modelos militares, es de cinco cartuchos, que se disparan por percusión.

Gatillo oculto

En la década de 1850-1860 hubo una enorme producción de revólveres para uso civil. Este raro modelo de percusión *Allen & Wheelock* lleva un bastidor de una sola pieza. El gatillo salía de su funda hacia delante al montar el percutor.

El baile del novato, de Frederic Remington

Percutor

Rifle *Winchester 73*

Orificio o
ventanilla de carga

Alza en
elevación
máxima

Percutor

Recámara

El *Winchester* surgió en 1866, aunque el modelo
más famoso fue el de calibre 44 de 1873. El cargador
tubular que va bajo el cañón contiene 15 balas,
todas las cuales salen proyectadas a la recámara
al empujar el guardamonte del gatillo hacia delante.
Fue el rifle más popular del Oeste, aunque nunca
se le suministró a la caballería.

Mecanismo
de palanca

Rifle *Sharps 45*
de retrocarga.

Mecanismo
de palanca para
abrir la recámara

El rifle *Sharps 45* de retrocarga y un solo disparo
apareció en 1848 y se granjeó una enorme reputación
durante la Guerra de Secesión (1861-1865). Su recámara,
de gran robustez, permitía una potente carga de pólvora,
lo que dotaba al rifle de largo alcance, hasta 1,4 km.
Aparte de ser apreciado por todo tipo de tiradores,
era el arma favorita de los cazadores de búfalos.

Bastidor macizo

Percutor

Cápsula para
fulminantes

Palanca liberadora
del tambor

Réplica de la
pistolera que llevaba
Pat Garrett en 1881
con su *Colt 45*.

Bala

Recipiente para
aceite de
engrasar

Caja para
fulminantes

Cada una de las recámaras de un
tambor de revólver de percusión
estaba cargada con una bala
y con pólvora negra, que se
hacía detonar con una cápsula
fulminante. El excelente
Remington 44, patentado en 1858,
tenía un bastidor macizo, lo que
lo hacía más robusto que el *Colt.*

Empuñadura
de nogal

El nuevo Modelo
Army («Ejército») del
Remington 44, un
revólver de percusión
fabricado en 1865.

JOHN W. HARDIN Esq.
ATTORNEY AT LAW

OFFICE:
209½ El Paso
Wells Fargo Bldg.

PRACTICE IN
ALL COURTS

J. G. CONNER
PRESENTING
"BEYOND THE LAW"
FIVE REEL FEATURE PRODUCTION
WITH PERSONAL APPEARANCE OF
EMMETT DALTON

463 HARTFORD AVE.   LOS ANGELES, CALIF.

Emmett Dalton (1871-1937) fue el único
que sobrevivió al desastroso atraco
a un banco que realizó con sus hermanos
en Coffeyville, Kansas, en 1892.
Al salir de la cárcel
en 1907, contó en un
libro sus experiencias
como bandido y
protagonizó varias
películas mudas
del Oeste.

Billy the Kid (1859?-1881)
se vio involucrado en la guerra
ganadera de Lincoln County,
Nuevo México (1878-1880).
Tras el asesinato de su
patrón, John Tunstall,
dio inicio a una serie
de muertes por venganza
hasta que cayó a manos
del *sheriff* Pat Garrett
(1850-1908). Su fama
de pistolero temerario
responsable de
21 muertes, fue pura
invención de los
periódicos. Esta foto se
ha solido publicar
al revés (tal como la
vemos aquí), por lo
que muchos creían que
Billy era zurdo.

El forajido tejano John Wesley Hardin (1853-1895),
un psicópata racista, había matado presuntamente a
más de 40 personas cuando lo encarcelaron en 1877.
Tras un puesta en libertad en 1894, escribió una
biografía en la que se justificaba y abrió un despacho
de abogado en El Paso, Texas, aunque se pasaba
el tiempo bebiendo y jugando a las cartas. En 1895
murió de un tiro en la espalda a manos de un
policía al que había amenazado.

Yosemite
Sam, personaje
de tebeo, con
ambas pistolas
escupiendo plomo.

Seis tiros

AL REVÓLVER *COLT ARMY* («Ejército») de acción simple de 1873 puede atribuirse la fama de ser el responsable del mayor número de muertes en el Oeste. Cuando se suspendió su fabricación en 1941 se habían vendido 357.859 unidades. En 1878, el modelo *Peacemaker* («Pacificador») de calibre 45 se vio complementado con el *Frontier* («Frontera»), cuyo calibre del 44 también servía para el rifle *Winchester* (págs. 44-45). El gran calibre de estas armas, cuyo peso (hasta 1 kg) estaba pensado para absorber el retroceso, garantizaba su capacidad para detener lo que se les pusiera por delante. El *Colt* era preciso, estaba bien equilibrado y se podía seguir disparando incluso cuando se le rompía alguna pieza, lo que sucedía a menudo.

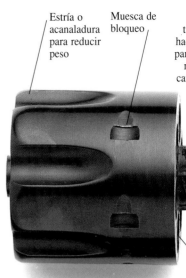

Estría o acanaladura para reducir peso

Muesca de bloqueo

La rueda de trinquete manual hace girar el tambor para que la siguiente recámara con su cartucho se coloque bajo la aguja del percutor

Recámara

Tambor

El escudo o deflector desvía el gas que sale expulsado al disparar

Punto de mira

El cañón medía 19 cm o 12 cm de longitud

SINGLE ACTION ARMY

Un tornillo, con presión por resorte, fija el eje del tambor en su lugar a través de un lateral del bastidor del revólver

El eje es el centro sobre el que gira el tambor

El tubo de expulsión, que contiene la varilla de expulsión, va colocado bajo el cañón, a la derecha del arma

En un revólver de acción simple, el percutor se levanta con el pulgar. La mano hace girar el tambor, que queda bloqueado por el fiador, armándose así el revólver. Los cartuchos se introducen uno a uno en las recámaras por la apertura que hay a la derecha del escudo o deflector de gases. Cuando se aprieta el gatillo, la aguja del percutor hace explotar la pólvora del cartucho, expulsando la bala por el cañón.

PAT. SEPT. 19, 1871.
PAT. JULY 2, 1872

Bastidor

Tornillo-eje del gatillo

Pasador pivote del percutor

La varilla de expulsión, con presión por resorte, se va introduciendo una a una en las recámaras a través del tambor para expulsar por el orificio de carga los cartuchos gastados

Resorte

Guardamonte

Colt 44 Frontier («Frontera») de acción simple desmontado. En 1878 la Colt fabricó un revólver de doble acción, el *Lightning* («Rayo»), en calibres 38 y 44. Con este nuevo tipo de arma de doble acción un firme tirón del gatillo bastaba para levantar el percutor (haciendo girar el cilindro y bloqueándolo) y dejarlo caer, momento en que se producía el disparo.

Cuando se monta el percutor, la nuez coloca el gatillo sobre su resorte de modo que bloquee el percutor. También bloquea el tambor en cuanto el siguiente cartucho se pone en línea con el cañón y debajo de la aguja del percutor. Aunque el mecanismo de bloqueo lo patentó la propia empresa Colt, era famoso por sus constantes averías, especialmente en el resorte del gatillo.

Nuez del gatillo y tope del tambor

Resorte del gatillo

El gatillo está conectado con el percutor mediante su resorte y su nuez

En 1847 el ejército estadounidense encargó al capitán Samuel Walker la compra de una partida de revólveres *Colt*. Este militar sugirió varias mejoras y el nuevo revólver se bautizó con el nombre de *Colt Walker*. Aunque era enorme, con sus 39 cm de longitud y sus 2 kg de peso, constituyó la base de todos los diseños que hizo la *Colt* desde entonces hasta 1873.

SAMUEL H. WALKER

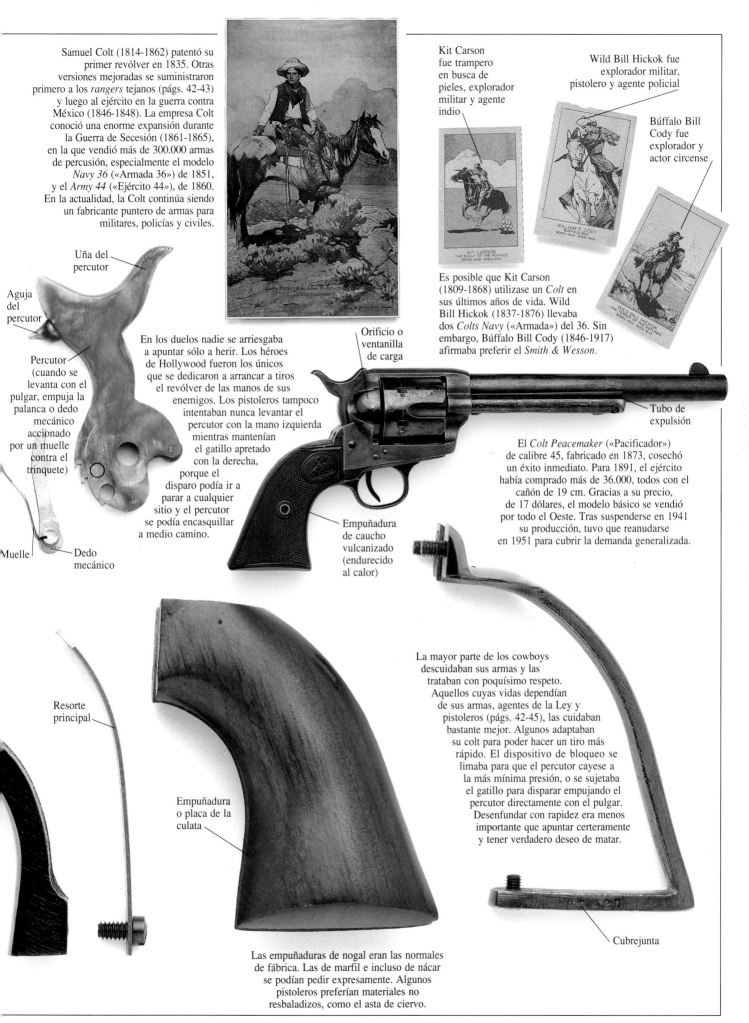

Samuel Colt (1814-1862) patentó su primer revólver en 1835. Otras versiones mejoradas se suministraron primero a los *rangers* tejanos (págs. 42-43) y luego al ejército en la guerra contra México (1846-1848). La empresa Colt conoció una enorme expansión durante la Guerra de Secesión (1861-1865), en la que vendió más de 300.000 armas de percusión, especialmente el modelo *Navy 36* («Armada 36») de 1851, y el *Army 44* («Ejército 44»), de 1860. En la actualidad, la Colt continúa siendo un fabricante puntero de armas para militares, policías y civiles.

Kit Carson fue trampero en busca de pieles, explorador militar y agente indio

Wild Bill Hickok fue explorador militar, pistolero y agente policial

Búffalo Bill Cody fue explorador y actor circense

Es posible que Kit Carson (1809-1868) utilizase un *Colt* en sus últimos años de vida. Wild Bill Hickok (1837-1876) llevaba dos *Colts Navy* («Armada») del 36. Sin embargo, Búffalo Bill Cody (1846-1917) afirmaba preferir el *Smith & Wesson.*

Uña del percutor

Aguja del percutor

Percutor (cuando se levanta con el pulgar, empuja la palanca o dedo mecánico accionado por un muelle contra el trinquete)

Muelle

Dedo mecánico

En los duelos nadie se arriesgaba a apuntar sólo a herir. Los héroes de Hollywood fueron los únicos que se dedicaron a arrancar a tiros el revólver de las manos de sus enemigos. Los pistoleros tampoco intentaban nunca levantar el percutor con la mano izquierda mientras mantenían el gatillo apretado con la derecha, porque el disparo podía ir a parar a cualquier sitio y el percutor se podía encasquillar a medio camino.

Orificio o ventanilla de carga

Tubo de expulsión

El *Colt Peacemaker* («Pacificador») de calibre 45, fabricado en 1873, cosechó un éxito inmediato. Para 1891, el ejército había comprado más de 36.000, todos con el cañón de 19 cm. Gracias a su precio, de 17 dólares, el modelo básico se vendió por todo el Oeste. Tras suspenderse en 1941 su producción, tuvo que reanudarse en 1951 para cubrir la demanda generalizada.

Empuñadura de caucho vulcanizado (endurecido al calor)

Resorte principal

Empuñadura o placa de la culata

La mayor parte de los cowboys descuidaban sus armas y las trataban con poquísimo respeto. Aquellos cuyas vidas dependían de sus armas, agentes de la Ley y pistoleros (págs. 42-45), las cuidaban bastante mejor. Algunos adaptaban su colt para poder hacer un tiro más rápido. El dispositivo de bloqueo se limaba para que el percutor cayese a la más mínima presión, o se sujetaba el gatillo para disparar empujando el percutor directamente con el pulgar. Desenfundar con rapidez era menos importante que apuntar certeramente y tener verdadero deseo de matar.

Cubrejunta

Las empuñaduras de nogal eran las normales de fábrica. Las de marfil e incluso de nácar se podían pedir expresamente. Algunos pistoleros preferían materiales no resbaladizos, como el asta de ciervo.

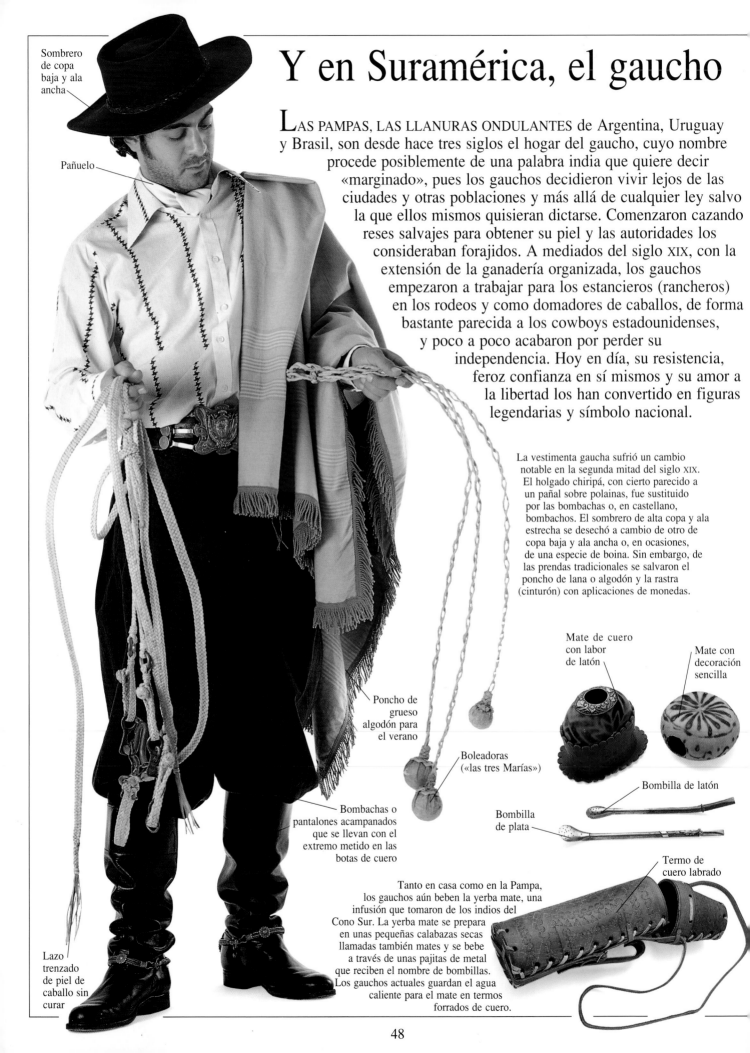

Y en Suramérica, el gaucho

Sombrero de copa baja y ala ancha

Pañuelo

LAS PAMPAS, LAS LLANURAS ONDULANTES de Argentina, Uruguay y Brasil, son desde hace tres siglos el hogar del gaucho, cuyo nombre procede posiblemente de una palabra india que quiere decir «marginado», pues los gauchos decidieron vivir lejos de las ciudades y otras poblaciones y más allá de cualquier ley salvo la que ellos mismos quisieran dictarse. Comenzaron cazando reses salvajes para obtener su piel y las autoridades los consideraban forajidos. A mediados del siglo XIX, con la extensión de la ganadería organizada, los gauchos empezaron a trabajar para los estancieros (rancheros) en los rodeos y como domadores de caballos, de forma bastante parecida a los cowboys estadounidenses, y poco a poco acabaron por perder su independencia. Hoy en día, su resistencia, feroz confianza en sí mismos y su amor a la libertad los han convertido en figuras legendarias y símbolo nacional.

La vestimenta gaucha sufrió un cambio notable en la segunda mitad del siglo XIX. El holgado chiripá, con cierto parecido a un pañal sobre polainas, fue sustituido por las bombachas o, en castellano, bombachos. El sombrero de alta copa y ala estrecha se desechó a cambio de otro de copa baja y ala ancha o, en ocasiones, de una especie de boina. Sin embargo, de las prendas tradicionales se salvaron el poncho de lana o algodón y la rastra (cinturón) con aplicaciones de monedas.

Mate de cuero con labor de latón

Mate con decoración sencilla

Poncho de grueso algodón para el verano

Boleadoras («las tres Marías»)

Bombilla de latón

Bombilla de plata

Bombachas o pantalones acampanados que se llevan con el extremo metido en las botas de cuero

Termo de cuero labrado

Tanto en casa como en la Pampa, los gauchos aún beben la yerba mate, una infusión que tomaron de los indios del Cono Sur. La yerba mate se prepara en unas pequeñas calabazas secas llamadas también mates y se bebe a través de unas pajitas de metal que reciben el nombre de bombillas. Los gauchos actuales guardan el agua caliente para el mate en termos forrados de cuero.

Lazo trenzado de piel de caballo sin curar

48

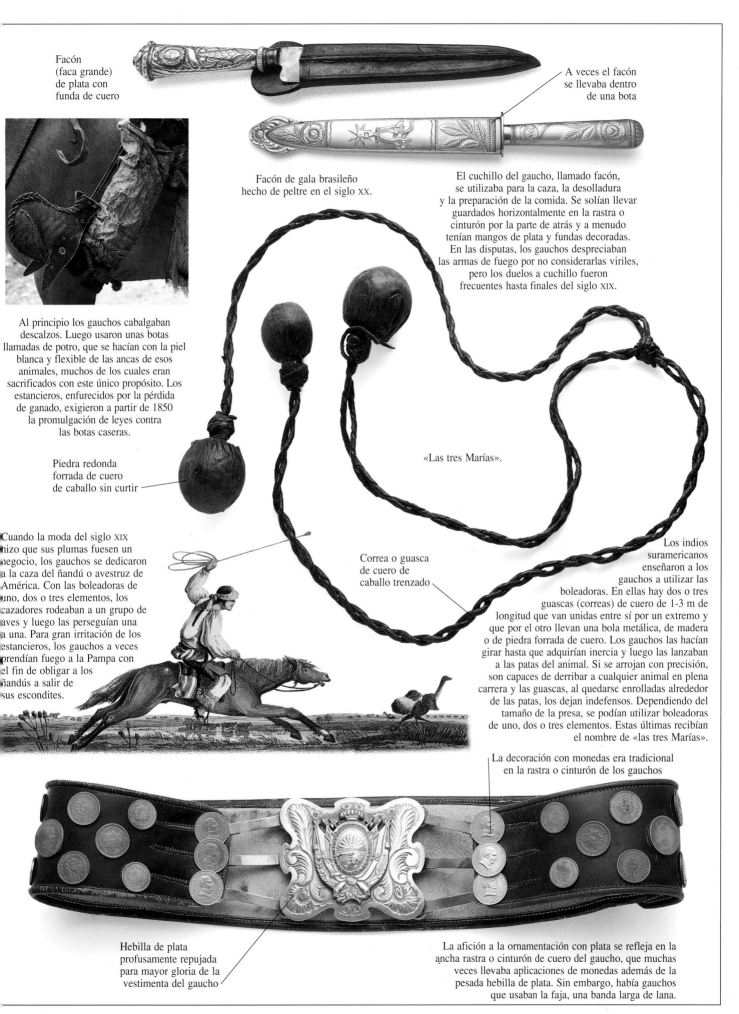

Facón
(faca grande)
de plata con
funda de cuero

A veces el facón
se llevaba dentro
de una bota

Facón de gala brasileño
hecho de peltre en el siglo xx.

El cuchillo del gaucho, llamado facón,
se utilizaba para la caza, la desolladura
y la preparación de la comida. Se solían llevar
guardados horizontalmente en la rastra o
cinturón por la parte de atrás y a menudo
tenían mangos de plata y fundas decoradas.
En las disputas, los gauchos despreciaban
las armas de fuego por no considerarlas viriles,
pero los duelos a cuchillo fueron
frecuentes hasta finales del siglo xix.

Al principio los gauchos cabalgaban
descalzos. Luego usaron unas botas
llamadas de potro, que se hacían con la piel
blanca y flexible de las ancas de esos
animales, muchos de los cuales eran
sacrificados con este único propósito. Los
estancieros, enfurecidos por la pérdida
de ganado, exigieron a partir de 1850
la promulgación de leyes contra
las botas caseras.

Piedra redonda
forrada de cuero
de caballo sin curtir

«Las tres Marías».

Cuando la moda del siglo xix
hizo que sus plumas fuesen un
negocio, los gauchos se dedicaron
a la caza del ñandú o avestruz de
América. Con las boleadoras de
uno, dos o tres elementos, los
cazadores rodeaban a un grupo de
aves y luego las perseguían una
a una. Para gran irritación de los
estancieros, los gauchos a veces
prendían fuego a la Pampa con
el fin de obligar a los
ñandús a salir de
sus escondites.

Correa o guasca
de cuero de
caballo trenzado

Los indios
suramericanos
enseñaron a los
gauchos a utilizar las
boleadoras. En ellas hay dos o tres
guascas (correas) de cuero de 1-3 m de
longitud que van unidas entre sí por un extremo y
que por el otro llevan una bola metálica, de madera
o de piedra forrada de cuero. Los gauchos las hacían
girar hasta que adquirían inercia y luego las lanzaban
a las patas del animal. Si se arrojan con precisión,
son capaces de derribar a cualquier animal en plena
carrera y las guascas, al quedarse enrolladas alrededor
de las patas, los dejan indefensos. Dependiendo del
tamaño de la presa, se podían utilizar boleadoras
de uno, dos o tres elementos. Estas últimas recibían
el nombre de «las tres Marías».

La decoración con monedas era tradicional
en la rastra o cinturón de los gauchos

Hebilla de plata
profusamente repujada
para mayor gloria de la
vestimenta del gaucho

La afición a la ornamentación con plata se refleja en la
ancha rastra o cinturón de cuero del gaucho, que muchas
veces llevaba aplicaciones de monedas además de la
pesada hebilla de plata. Sin embargo, había gauchos
que usaban la faja, una banda larga de lana.

Continúa en la página siguiente

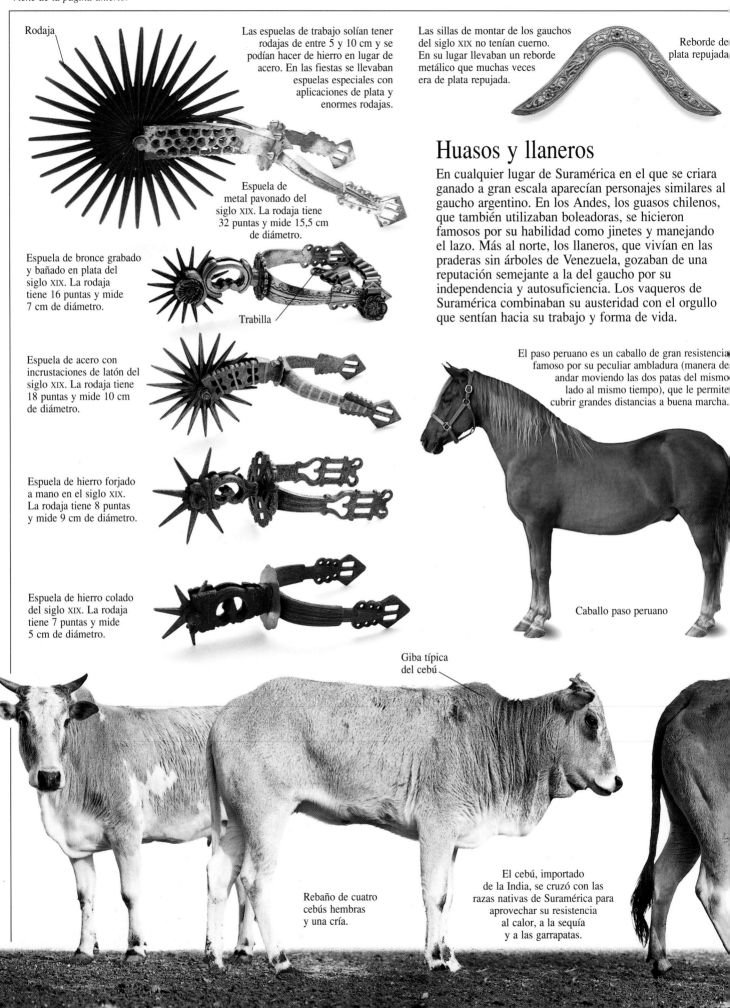

Rodaja

Las espuelas de trabajo solían tener rodajas de entre 5 y 10 cm y se podían hacer de hierro en lugar de acero. En las fiestas se llevaban espuelas especiales con aplicaciones de plata y enormes rodajas.

Espuela de metal pavonado del siglo XIX. La rodaja tiene 32 puntas y mide 15,5 cm de diámetro.

Espuela de bronce grabado y bañado en plata del siglo XIX. La rodaja tiene 16 puntas y mide 7 cm de diámetro.

Trabilla

Espuela de acero con incrustaciones de latón del siglo XIX. La rodaja tiene 18 puntas y mide 10 cm de diámetro.

Espuela de hierro forjado a mano en el siglo XIX. La rodaja tiene 8 puntas y mide 9 cm de diámetro.

Espuela de hierro colado del siglo XIX. La rodaja tiene 7 puntas y mide 5 cm de diámetro.

Las sillas de montar de los gauchos del siglo XIX no tenían cuerno. En su lugar llevaban un reborde metálico que muchas veces era de plata repujada.

Reborde de plata repujada

Huasos y llaneros

En cualquier lugar de Suramérica en el que se criara ganado a gran escala aparecían personajes similares al gaucho argentino. En los Andes, los guasos chilenos, que también utilizaban boleadoras, se hicieron famosos por su habilidad como jinetes y manejando el lazo. Más al norte, los llaneros, que vivían en las praderas sin árboles de Venezuela, gozaban de una reputación semejante a la del gaucho por su independencia y autosuficiencia. Los vaqueros de Suramérica combinaban su austeridad con el orgullo que sentían hacia su trabajo y forma de vida.

El paso peruano es un caballo de gran resistencia famoso por su peculiar ambladura (manera de andar moviendo las dos patas del mismo lado al mismo tiempo), que le permite cubrir grandes distancias a buena marcha.

Caballo paso peruano

Giba típica del cebú

Rebaño de cuatro cebús hembras y una cría.

El cebú, importado de la India, se cruzó con las razas nativas de Suramérica para aprovechar su resistencia al calor, a la sequía y a las garrapatas.

Cuerno muy alto

Moderna silla de montar guatemalteca del siglo XX. Aunque en este caso pertenecía a una enfermera inglesa que iba a caballo a visitar a sus pacientes en el campo, podría haberla utilizado cualquier vaquero como silla de apartado (págs. 32-33) debido a su alto cuerno.

Los gauchos combatieron en la guerra de la independencia argentina (1810-1816) contra España, momento en que comenzó a considerárseles patriotas en lugar de forajidos. Aunque los estancieros les daban trabajo, sus necesidades eran escasas y trataban de conservar su propia independencia. Este gaucho porteño, de la región de Buenos Aires, lleva la vestimenta tradicional del siglo XIX.

Estribos triangulares de latón con cabezas giratorias fechados probablemente en el siglo XVII. Por la forma y la ornamentación parece que pertenecían a alguien de buena posición social.

Cabeza giratoria

Estribos de latón del siglo XVII.

Decoración vegetal

Cuarta (látigo)

Silla de montar guatemalteca del siglo XX.

Relieves hechos a mano

Hasta mediados del siglo XIX, los gauchos cabalgaban descalzos y con los dedos de los pies sobresaliendo por delante del estribo. Las consecuencias debían ser terribles, pues los visitantes extranjeros solían sorprenderse de lo deformados que tenían los pies los gauchos.

Los estancieros y otros miembros de las clases altas se podían permitir comprar estribos de amazona con forma de zapato para sus esposas e hijos pequeños. Estos estribos eran más seguros porque el pie no podía resbalarse y ofrecían mayor protección.

Aciones, correas de las que cuelga el estribo, de cuero sin curtir

Los estribos suramericanos se hacían de metal o de madera, como este par argentino.

Aunque fuese pobre y descalzo, un gaucho siempre tenía espuelas, que en este caso se acoplaban al pie con una tira de cuero. La espuela que presentamos aquí parece casi una obra de bricolaje porque alguien ha taladrado la espiga para poder incorporarle una tosca rodaja.

Estribo para niño hecho de latón.

Estribo de amazona hecho de plata.

Broche de plata

Espiga

Portaespuelas suramericano con espuela independiente incorporada.

El pliegue colgante actúa a modo de radiador que libera el calor sobrante.

Esta cría de cebú tiene 21 meses

Los *gardians* de La Camargue

LA CAMARGUE OFRECE UN PAISAJE de marismas y lagunas arenosas en el delta del río Ródano, al sureste de Francia. Caliente y húmeda en verano y barrida por el gélido mistral en invierno, esta comarca de la Provenza recibe a veces el nombre de Salvaje Oeste francés. Allí, los *manadiers* («ganaderos») son propietarios de *manades* de toros negros de lidia de los que se encargan los *gardians* («guardianes») a lomos de los extraordinarios caballos blancos de la zona. Los *gardians* descienden del *gardobesti* («cuidador de ganado») medieval (años 500-1300) y obedecen un código de honor semejante al de cortesía de los caballeros de antaño. La *Confrérie des gardians* («Confraternidad de los *gardians*») se fundó en 1512. Sin embargo, se perdieron muchas tradiciones hasta que el marqués Folco Baroncelli (1869-1943) les devolvió la vida a finales del siglo XIX. Este hombre era un amante de la Provenza y muy especialmente del modo de vida de los *gardians,* que él mismo llegó a compartir.

Este *gardian* de finales del siglo XIX, vestido para el invierno, cuida de una *manade* cerca de su *cabane*. Estas cabañas, normalmente de una sola habitación, tenían la puerta en el flanco sur para protegerlas del mistral que es un viento del norte.

El hermoso traje regional femenino de la región de Arlés lo llevan en esta ilustración mujeres de *gardians* de los años veinte. Esta vestimenta tradicional proviene del reinado de Luis XV (1715-1774) y corrió peligro de desaparecer hasta la llegada del poeta Frederic Mistral (1830-1914), cabeza del movimiento de renacimiento de la cultura provenzal. En la actualidad, estos trajes se guardan para las fiestas.

Hoy en día, aunque son pocas las mujeres propietarias de ganado, las esposas y los hijos de los *gardians* suelen compartir el trabajo de los hombres y cuidan las manadas de caballos y de toros. Esta *gardiane* lleva un traje similar al masculino, salvo por la falda pantalón. Los niños también ayudan y aprenden a montar a caballo a muy temprana edad. El chaleco y los pantalones de este niño están hechos de fustán, un tipo de tejido de algodón que tiene pelo por una de sus caras. Su traje es igual al de su padre (derecha) con la única excepción de la chaqueta.

Chaleco de fustán

Falda pantalón de amazona

Marca del propietario

Elegantes espuelas (derecha) que se usan en los acontecimientos más importantes como los desfiles y las fiestas. Son más finas que las espuelas de trabajo (debajo) por lo que con ellas es más difícil inquietar al caballo.

Espuelas de gala

Botas de montar de cuero a la antigua usanza. En la actualidad, igual que sucede en los EEUU, se prefieren las botas cortas que llegan a la altura de la pantorrilla. En el siglo XIX algunos *gardians* llevaban *sabots,* una especie de zuecos con la suela lisa y sin tacones.

Los *gardians* suelen llevar espuelas de acero cortas con una rodaja de diez puntas que se sujeta a la bota con una tirilla. Sólo espolean a los caballos cuando hace falta ir rápido de verdad, como cuando hay que esquivar a un toro enfadado.

Espuelas de trabajo

Sombrero negro de copa baja y ala ancha

Fusta *(nerf de boeuf,* nervio de buey) para dominar a los caballos rebeldes

Mosquero o *mouscaii*

El objeto superior es una modalidad de cuarta o fusta francesa que se usa para dominar a los caballos jóvenes y rebeldes. El *mouscaii* (debajo) se acoplaba a las riendas de los caballos de trabajo para espantar a las moscas con su balanceo de lado a lado.

Camisa típica de colores brillantes

Tridente

Chaqueta de pana negra

Ribete ornamental de cinta negra

Cabezada de crin

Muserola de cadena

Baticola de cuero

Alforja con comida

Correa para impedir que el caballo eche la cabeza hacia atrás

Sudadera

Pantalones de fustán

Espuela pequeña

Propietario de ganado o *manadier*

Silla de montar típica de los *gardians*

Borrén trasero o *trousequin*

Capa o *caban*

El *gardian* actual lleva una combinación de ropa tradicional y práctica. La chaqueta de pana negra era antiguamente una prenda común en España e Italia y fue adoptada por el marqués Baroncelli, que le añadió un ribete negro. La camisa siempre es de colores brillantes con el fin de que si el caballo arroja al *gardian* en las marismas, el equipo de rescate lo pueda localizar fácilmente. Los pantalones suelen ser de fustán (un grueso tejido de algodón), aunque cada vez son más frecuentes los pantalones vaqueros.

Para enfrentarse al invierno, el *manadier* se viste a la antigua usanza. A veces pasa días enteros lejos de su *mas* («masía») y utiliza la capa o *caban* para protegerse del frío. Las botas de caña alta le permiten trabajar tanto bajo la lluvia como en las marismas. En la actualidad existen más de 80 *manadiers* dedicados a la cría de toros bien españoles o bien *camargais*.

Continúa en página siguiente

Una vez bien inmovilizado el toro, en el centro de la frente se le coloca una *cocarde*, un lazo rojo, atado a un cordel que se sujeta a la base de ambos cuernos, a los que también se acoplan unas borlas blancas. Los «toreros» reciben el nombre de *razeteurs* (por el semicírculo en el que tienen que entrar corriendo para coger la *cocarde*). Su arma es un garfio o *crochet* con forma de garra de ave de presa. Existen dos tipos de *crochet*: el moderno (derecha) y el antiguo (más a la derecha).

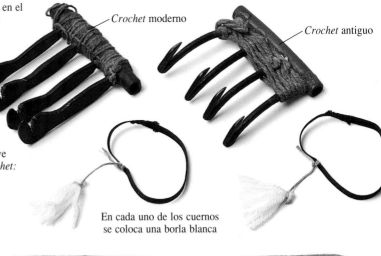

Crochet moderno

Crochet antiguo

En cada uno de los cuernos se coloca una borla blanca

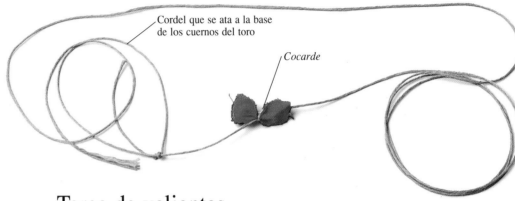

Cordel que se ata a la base de los cuernos del toro

Cocarde

Las corridas de la Provenza o *courses à la cocarde* son tan populares que tienen lugar en plazas de toros. Algunas de ellas son de la época romana, como este circo de Arlés con capacidad para más de 23.000 espectadores. En las aldeas también se celebran corridas, ya sea en plazas fijas o improvisadas. A los toros que aparecen en la corrida se les llama *cocardiers*.

Tarea de valientes

Las corridas de la Provenza son pruebas de osadía y habilidad que no incluyen la muerte del toro como en España. Los participantes tratan de coger a pie la *cocarde,* que está atada entre los cuernos del toro, utilizando un garfio o *crochet.* Los toros de La Camargue son capaces de cargar con más velocidad y girar más bruscamente que el caballo más rápido, motivo por el que estas corridas son tan peligrosas como emocionantes. Cuando concluye el espectáculo, los toros son devueltos a su *manade.* En la actualidad, en La Camargue hay unos 60 criadores del toro negro de la zona y más de 20 que crían el toro de lidia español.

El toro de La Camargue es de una clase distinta a los demás y tal vez proceda de los que se pueden ver en las pinturas rupestres de las cuevas de Lascaux, en el sur de Francia. Dotados de una piel negra, rizada y brillante, son de carácter feroz e independiente. Sólo se crían para las corridas y parte de ellos se vienen cruzando con el toro de lidia español desde que un famoso *gardian,* Joseph Yonnet, inauguró esta modalidad en 1869.

Antiguo tridente

Cencerro para toro o vaca guía

En las marismas de La Camargue, los animales perdidos o lesionados son a veces difíciles de encontrar. Por eso los *gardians* les ponen cencerros a los líderes de las manadas, tanto a las vacas como a los toros. Los cencerros están hechos de una placa de metal bronceado. El sonido varía según el tamaño y la forma, con lo que un propietario puede distinguir así cuál es su ganado.

Este *mouraii* de madera de sauce sirve para destetar a los becerros. Se acopla al hocico del becerro y si éste levanta la cabeza para tomar leche de la ubre de su madre, la madera le tapa la boca; pero si el becerro baja la cabeza para pastar, el bloque gira y le permite hacerlo tranquilamente.

Mouraii para destetar a los becerros

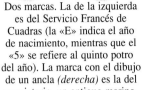

Dos marcas. La de la izquierda es del Servicio Francés de Cuadras (la «E» indica el año de nacimiento, mientras que el «5» se refiere al quinto potro del año). La marca con el dibujo de un ancla *(derecha)* es la del propietario, un antiguo marino.

La *ferrade* o ceremonia de marca de los añales, tanto caballos como ganado, es todo un espectáculo popular. Cada propietario tiene su marca personal, normalmente iniciales o un símbolo sencillo. La marca que vemos a la derecha, que pertenece a una antigua familia de *gardians,* es de las más sofisticadas con sus dos corazones sobrepuestos que simbolizan a una madre y a sus hijos. Los caballos deben llevar también la marca del Servicio Francés de Cuadras *(izquierda),* que consiste en una letra y un número que indican el año y orden de nacimiento del potro.

Marcas de una conocida familia de *gardians.* Simbolizan a una madre (corazón exterior) y a sus dos hijos (corazones interiores).

Los hierros de marcar, que se calientan en una fogata de leña, tienen el mango más largo que en los Estados Unidos. Antes se derribaba a los toros en plena carrera con un tridente y se les marcaba dondequiera que cayeran. Ahora tanto el ganado como los caballos se cogen con un lazo, se les mantiene echados, se les aplica una anestesia local y se les marca en el muslo izquierdo.

Estos «caballos blancos salvajes del mar» llevan criándose en libertad en las marismas de La Camargue desde hace más de mil años. Tienen la cabeza notablemente ancha, el cuello corto y las crines y la cola largas y gruesas. Sus anchísimos cascos son un ejemplo de adaptación a los húmedos y blandos suelos pantanosos. *Crin Blanc* («Crin Blanca»), una película francesa de 1951, despertó el interés mundial hacia los extraordinarios caballos de La Camargue.

El tridente de los *gardians* procede posiblemente de la lanza de justa de tres puntas que usaban los caballeros medievales en el siglo XIV. En la actualidad, aún se sigue usando en el campo para conducir ganado, para detener la carga de un toro o para separarlos entre sí cuando, a veces, entablan combates a muerte. En las plazas antes existía un ejercicio en el que dos hombres con tridente tenían que detener las cargas sucesivas de un toro.

La bandera del *gardian,* de bordados de oro sobre seda roja, representa a San Jorge y el dragón

Tridente moderno

La *Confrérie des gardians* («Confraternidad de los *gardians*») sólo contaba con 37 miembros a principios del siglo XVI, pero en la actualidad consta de 350. Bajo el mando de un *capitaine* cuya elección se renueva anualmente, la sociedad (cuya fiesta se celebra el 23 de abril) se ocupa de labores de caridad y protección social de las viudas y familias de los *gardians.* El estandarte o bandera de la *Confrérie* data de la segunda década del siglo XIX. Su imagen de seda carmesí bordada representa a San Jorge matando al dragón.

Los vaqueros de las antípodas

En EL INTERIOR DE AUSTRALIA, el más árido de los continentes, la cría de ganado nunca ha resultado fácil y, sin embargo, lleva siendo una industria importante desde el segundo tercio del siglo XIX. El vaquero australiano, *ringer* (rodeador), llamado así por el trabajo de rodear al rebaño por la noche, se ha convertido en una leyenda nacional, al igual que sucede con el estadounidense. Para reunir y conducir el ganado, cabalgaba a lomos de un *waler*, una raza propia de Nueva Gales del Sur. La leyenda oculta el hecho de que muchos vaqueros eran aborígenes y también mujeres. De hecho, a los *jackaroos* (del nombre masculino «Jack» y la terminación *kangaroo* —canguro—), aprendices de gerente de «estación ganadera» o rancho, se les han unido ahora las *jillaroos* (del nombre femenino «Gillian»). Las «estaciones ganaderas» son a veces inmensas. En la actualidad, en el territorio noroccidental de Kimberley, tienen una media superior a las 200.000 hectáreas. Las avionetas, helicópteros y motocicletas están comenzando a sustituir a los caballos para reunir ganado. Australia cuenta con más reses que personas (24 frente a 17 millones). Pero durante las sequías el ganado esquilma la tierra, por lo que se está convirtiendo en un peligro para el medio ambiente.

En el siglo XIX, a los nativos originales de Australia (aborígenes) se les obligó a trabajar en las «estaciones ganaderas» del interior. Con todo, pronto se adaptaron al trabajo de vaquero y lo convirtieron en parte de su modo de vida. En los años 70 de este siglo comenzaron a comprar y dirigir sus propios ranchos.

Los conductores de ganado usaban las armas sólo para disparar contra los toros de mayor edad con el fin de hacerse con el control del rebaño en las zonas salvajes. El largo látigo (1,8-2,1 m) era su principal herramienta de trabajo. Gracias a lo prieto que tiene el cuero trenzado de que está hecho, produce un ruido parecido al de un disparo.

Látigo largo (hacia 1890)

Piel de canguro finamente trenzada

Cazo

Cuchillo

Reloj

Lata para cerillas

Bolsas de agua

Cinturón de vaquero australiano

Este cinturón de cuero hecho a mano es de Kimberley, en la parte occidental de Australia. Contiene un cuchillo, una lata para cerillas y un reloj. El cazo, con capacidad para un cuarto de galón (1,1 litros), sirve para hervir el agua. Cada bolsa contiene la misma cantidad de agua. Una es para beber y la otra para cocinar.

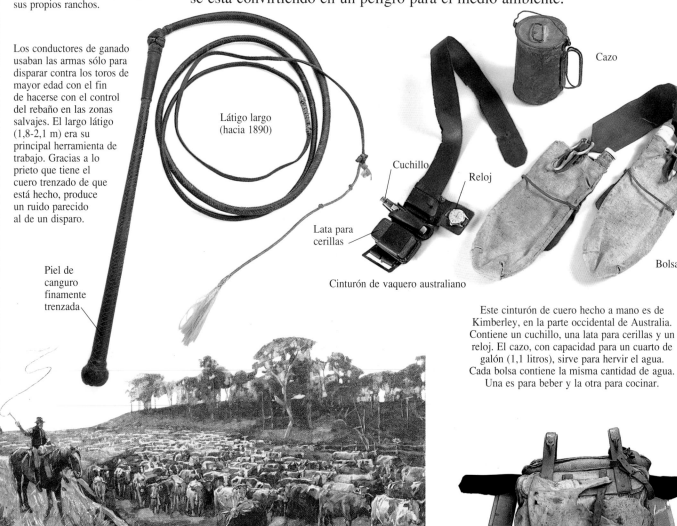

Los vaqueros australianos recorrían increíbles distancias con sus rebaños (págs. 38-39). Nat Buchanan estableció varias rutas ganaderas desde la región oriental de Queensland hasta el Territorio del Norte. En 1883, él y otros 70 conductores de ganado llevaron 20.000 *shorthorns* a lo largo de más de 3.000 km para abastecer Victoria River Downs.

En las expediciones para reunir y conducir ganado, las albardas servían para transportar la comida y el equipo fundamental. Tenían que soportar un uso duro y prolongado, por lo que se hacían y reparaban con cuero en verde (sin curtir).

Albarda de cuero en verde

Cinta de cuero sobre
el sombrero de
fieltro marca
Akubra

Las alas anchas
eran habituales en
las sillas australianas,
que nunca llevaban
cuerno

Estribos metálicos
típicos
de la silla
australiana

La división
del abrigo en
dos faldones
traseros
facilita los
movimientos
del jinete

El legendario bandido Ned Kelly
(1855-1880) era de origen irlandés.
Comenzó robando caballos y ganado
y acabó asaltando bancos. Jueces y
policía lo estuvieron persiguiendo
largamente a mediados del siglo XIX.
Finalmente, a pesar de su casco
de hierro y de la armadura, lo
capturaron y murió en la horca.

Vista trasera de
vaquero australiano

Vaquero australiano vestido para la época de lluvias.
El abrigo *Drizabone* es un descendiente directo de los que se
hacían con lona de vela impermeabilizada en el siglo XIX.
Los pantalones vaqueros son una alternativa al fustán
(grueso algodón de tejido asargado). El sombrero *Akubra*
(págs. 20-21) tiene un pliegue en el borde para impedir
que se le hunda el ala. A diferencia de los cowboys
estadounidenses, las botas (págs. 24-25) sólo
llegan a la altura del tobillo y la silla de montar
(págs. 14-15) carece de cuerno.

Látigo
de cuero
trenzado
sin curtir

Abrigo
Drizabone
hecho de lona
impermeabilizada

Vaquero
australiano
con su equipo
tradicional

La labor de reunión del
ganado sigue siendo dura,
pero ahora está más mecanizada. La comida se trae en plataformas tiradas por
vehículos mecanizados y muchos vaqueros van en moto. Sin embargo, los
perros siguen siendo muy apreciados, sobre todo el famoso *blue heeler*, que
es una raza procedente de varios cruces, incluyendo al dingo o perro salvaje
australiano. Ayuda en el manejo de las reses mordiéndoles los talones.

Cowgirls

DURANTE EL SIGLO XIX, en las regiones ganaderas del mundo entero las mujeres también desempeñaron un papel en el dominio de la naturaleza salvaje. Las casadas trabajaron duro para establecer un hogar en terribles condiciones, y muchas murieron por ello. En el Oeste, las cowgirls de verdad no existieron hasta hace relativamente poco, aunque sí hubo algunas «reinas» del ganado, como Susan McSween, viuda de un ranchero muerto en la guerra ganadera del condado de Lincoln (págs. 44-45) en 1878. Por su parte, Hollywood se ha encargado de dar brillo aparente al trabajo de chica de bar, que en el mejor de los casos constituía una carrera corta y sin recompensas. Algunas mujeres se internaron por la senda de la delincuencia y sus andanzas fueron exageradas por la prensa sensacionalista, como en el caso de «Cattle Annie» McDougal y de Jennie «Little Britches» Stevens en los años 1893-1894.

Belle Starr (1848-1889), la «reina de los bandidos», fue un invento de los periódicos y los novelistas baratos. La verdadera Belle tuvo una sucesión de novios forajidos y luego organizó su propia banda por corto tiempo en territorio indio, para acabar asesinada de un tiro, posiblemente a manos de su propio hijo.

Los *jackaroos* eran los aprendices de gerente de «estación ganadera» o rancho en Australia y tradicionalmente comenzaban su aprendizaje trabajando de vaqueros (págs. 56-57). Últimamente se les están uniendo cada vez más mujeres, como estas dos *jillaroos* de Nueva Gales del Sur, en el extremo meridional de Australia.

Las mujeres y las hijas de los rancheros canadienses empezaron a compartir el trabajo al debilitarse las rígidas actitudes del siglo pasado hacia la mujer. Esta tímida muchacha (hacia 1920) del oeste de Canadá va vestida de cowgirl, con un inquietante revólver incluido.

1 Cuando por fin se libraron de las convenciones sociales que se lo impedían, las mujeres fueron capaces de demostrar que podían cabalgar tan rápido y con tanta destreza como los hombres, tal como sucede en las exhibiciones de habilidades vaqueras de los rodeos (págs. 62-63).

2 En los EEUU, Australia y Canadá, el ejercicio femenino habitual de los espectáculos de rodeo es la «carrera de barriles», que se basa en la técnica de apartado de las reses. Cada amazona tiene que galopar con su caballo dibujando un trébol alrededor de tres barriles vacíos colocados formando un triángulo. Gana la que lo haga más rápido, pero existe una penalización de cinco segundos por cada barril derribado.

El cuerpo se inclina en la dirección hacia la que la amazona quiere dirigir al caballo

Un ligero contacto de la rienda con el cuello del caballo lo dirige alrededor del barril

Martha «Calamity Jane» Cannary (1852?-1903) se hizo famosa por llevar ropa de hombre, decir tacos y beber. Se dedicó a recorrer campamentos mineros y del ejército, pero a pesar de lo que diga la leyenda, ni fue nunca exploradora militar ni novia de Wild Bill Hickock (págs. 42-43). Los novelistas baratos la convirtieron en un terror con pistola y ella intentó aprovecharse de esa imagen.

Cartel que anuncia las asombrosas hazañas de puntería de Annie Oakley en el espectáculo del Salvaje Oeste de Buffalo Bill

3 Si el caballo tiene que estar especialmente ágil y en forma para competir en la carrera de barriles, la amazona también debe estar muy entrenada, pues este ejercicio exige gran habilidad y seguridad.

Phoebe «Annie Oakley» Moses (1860-1926), la increíble tiradora profesional del espectáculo del Salvaje Oeste de Buffalo Bill Cody (págs. 60-61), se ganó una leyenda de supermujer del Oeste. En realidad nació en Ohio y sólo conoció el Oeste cuando fue de gira con el espectáculo. Sin embargo, el mito se ha hecho inmortal tras el estreno teatral y cinematográfico del famoso musical *Annie, coge tu fusil*.

El pie de la amazona tiene que ir pegado al costado del caballo para no derribar el barril

Falda pantalón

s músculos de los flancos están muy desarrollados para poder alcanzar altas velocidades

4 Los espectáculos de rodeo sólo para mujeres son también populares. Al igual que los hombres, las cowgirls compiten en la monta sin silla de caballos salvajes, captura de becerros con el lazo, derribo de cabras y otro ejercicio que consiste en arrancar una cinta del lomo de un novillo al galope. Todo ello se tiene que lograr a altísima velocidad.

Las esposas e hijas de los *gardians* de La Camargue (págs. 52-55) tienen tanta responsabilidad como los hombres en el cuidado de las manadas de sus extraordinarios caballos y toros. Las mujeres llevan la misma mezcla de vestimenta tradicional y práctica que los hombres, salvo por una falda pantalón.

La cultura vaquera

Con cámaras en lugar de revólveres, los visitantes de los ranchos para turistas intentan hoy en día revivir la emoción del Oeste sin tener que sufrir las severas penalidades que soportaba el cowboy de verdad.

SMITH & WESSON

REVOLVERS

Un anuncio de revólveres que aprovecha el mito vaquero

Yᴀ NO SE OYE EL GALOPAR DE LOS COWBOYS por las praderas de la realidad, pero han iniciado una nueva vida como héroes legendarios. Este extraño proceso ya estaba claramente en marcha a principios del siglo xx, y los jinetes vagabundos que aún sobrevivían en el Viejo Oeste debieron de quedarse muy sorprendidos. Los espectáculos del Salvaje Oeste que comenzaron en 1880-1890 presentaban a unos vaqueros convertidos en intrépidos hombres de acción. Luego llegaron los escritores, creando la imagen del vaquero fuerte y taciturno, lento a la hora de actuar, pero invencible cuando se enfadaba de verdad. A partir de 1903, la naciente industria cinematográfica plasmó en celuloide a aquel héroe prefabricado y garantizó su fama. La imagen romántica del cowboy es tan poderosa que ha encontrado su reflejo en la música y en la moda, además de su profusa utilización en publicidad. Las fantasías sobre un hombre a caballo cabalgando con su revólver por campos de horizonte lejano constituyen uno de los temas preferidos del siglo xx.

Tom Mix (1880-1940) rodó casi 300 películas y fue la primera superestrella del Oeste. En sus caracterizaciones incluía deliberadamente una mezcla de acción intensa y extravagantes vestimentas para ofrecer una imagen espectacular del cowboy.

El sombrero de Tom Mix, diseñado especialmente para él por la empresa Stetson

El revólver de Tom Mix

Los cowboy cantantes se hicieron populares en la radio durante los años 20 y en las películas sonoras a partir de 1928. El más famoso fue Gene Autry (nacido en 1907), que, a lomos de «Champion, el caballo maravilloso», representó en 95 películas a un vaquero puro de pensamiento, palabra y obra. El guitarrista Roy Rogers (nacido en 1912), la mayor estrella del Oeste entre 1942 y 1954, también cabalgaba en un caballo famoso, «Trigger». El público, mayoritariamente joven, acabó por creer que la guitarra del vaquero era tan importante como su revólver. Ambas estrellas contaron con sus propias series de televisión en 1950-1951.

Hollywood ha realizado más películas del Oeste, parte de ellas en Almería, que de cualquier otra clase. Las primeras estrellas del cine mudo, como William S. Hart (1865-1946), abrieron una senda que luego seguirían con paso seguro personajes como John Wayne (1907-1979), un heroico cowboy individualista que hace el bien a tiros. A partir de los años 60, Clint Eastwood (nacido en 1930) se ha encargado de representar a un héroe más turbio en un Oeste más agridulce.

Buffalo Bill Cody (1846-1917) montó el primer espectáculo del Salvaje Oeste en 1883. Convirtió a los cowboys en la atracción principal y creó a la primera estrella: William «Buck» Taylor (1857-1924). Estuvo de gira por EEUU y Europa hasta 1916 con un público que se contó por millones. Cody era un hombre espectáculo de primera y sus cowboys ejecutaban hazañas de gran habilidad, osadía y efectismo. Ésta sería la imagen que para siempre quedaría fijada en la mente del público.

Busto de bronce de Buffalo Bill Cody

En un principio los flecos se llevaban para que la lluvia se desprendiera de la ropa y no, como pensaban algunos, para espantar a las moscas

Una de las danzas más típicas del Oeste es la llamada «square dance» con cuatro parejas formando un cuadrado. En este baile hay también un maestro de ceremonias encargado de dar instrucciones como: «gire a su pareja» o «vuelta por la espalda».

Los anunciantes de los años 50 y 60 no dejaban de insistir en que los cowboys se lo pasaban en grande. Eso dio lugar a una moda cowboy a finales de los 70 y durante los 80, pero la imagen era deportiva y no de faena.

Pistolera de Earle Forrest, un escritor de novelas del Oeste

Los verdaderos inventores del mito vaquero fueron los escritores. Owen Wister (1860-1938) tuvo muchísimo éxito con *El virginiano* en 1902. Poco después le siguieron los pasos Zane Grey (1872-1939), autor de 78 novelas, y Max Brand (1892-1944), que se sacó de la manga más de 300. Hollywood aprovechó muchas de esas historias para hacer películas, la mayor parte de las cuales no tienen ningún parecido con la realidad a pesar de que algunos escritores, como Earle Forrest *(arriba)*, realmente hubiesen vivido y trabajado en el Oeste.

Stetson, que no se quitaban casi ni para dormir

Cordón con un corazón de plata ornamental

El rodeo: emociones y caídas

LAS HABILIDADES DESARROLLADAS POR LOS COWBOYS son espectaculares, por lo que nada podía ser más natural que convertirlas en un espectáculo de pago. La competición de «rodeo» (palabra que los estadounidenses tomaron del español) comenzó probablemente en forma de juego amistoso entre vaqueros cada vez que se encontraban dos rebaños por los caminos. A partir de 1880-1890 se convirtieron en acontecimientos prefijados, para acabar profesionalizándose en los años 30 de nuestro siglo. Desde 1945, la «Rodeo Cowboys Association» controla lo que en EEUU constituye uno de los espectáculos deportivos con mayor asistencia de público, celebrándose más de 500 rodeos al año. En Canadá, la famosa «Calgary Stampede» comenzó en 1912, mientras que en Australia la «Rough Riders Association» organiza grandes competiciones con premios. Los cinco ejercicios tradicionales del rodeo son la monta con silla de caballo salvaje, la captura de becerros con el lazo, la monta a pelo de caballo salvaje, el derribo del becerro y la monta del cebú o «toro brahma». Los dos primeros son los que tienen su verdadero origen en las praderas, pero los otros tres también sirven para demostrar fuerza y osadía. La «Calgary Stampede» ha añadido una carrera de carretas del Oeste. Los rodeos se han convertido en un negocio, mitad competición mitad circo, y los estadounidenses ofrecen unos premios de más de quince millones de dólares al año.

1 La captura de un becerro exige tanta compenetración entre caballo y jinete como habilidad en el uso del lazo (págs. 34-35). El cowboy persigue al becerro y lanza el lazo (se le descalifica si falla), ata la cuerda al cuerno y desmonta de un salto.

La carrera de barriles exige habilidades parecidas a las del apartado de becerros del resto del rebaño (págs. 32-33). Además, constituye el ejercicio tradicional de las cowgirls en los rodeos (págs. 58-59).

En la monta de caballo salvaje con silla se utiliza una sin cuerno y con una única rienda acoplada a la cabezada, tal como se refleja en este cuadro: *El corcovo: la emoción del rodeo,* de Stanley L. Wood (1866-1928). El cowboy monta en un recinto estrecho y cerrado. Cuando se suelta al caballo tiene que sujetar la rienda con una mano y dejar la otra suelta, espolear al caballo y mantenerse sobre él durante ocho segundos. Se puntúa al jinete por su estilo y al caballo por corcovear (saltar arqueando el lomo) como es debido. La experiencia no es nada placentera ni para el caballo ni para el jinete, sobre todo cuando éste se cae.

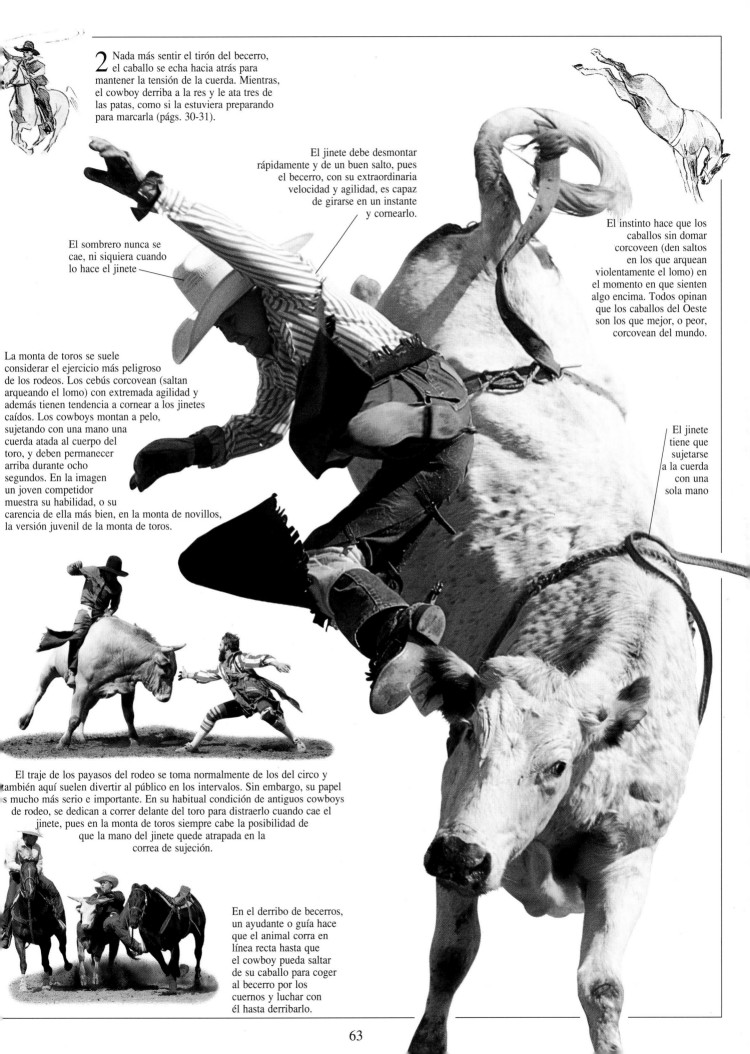

2 Nada más sentir el tirón del becerro, el caballo se echa hacia atrás para mantener la tensión de la cuerda. Mientras, el cowboy derriba a la res y le ata tres de las patas, como si la estuviera preparando para marcarla (págs. 30-31).

El jinete debe desmontar rápidamente y de un buen salto, pues el becerro, con su extraordinaria velocidad y agilidad, es capaz de girarse en un instante y cornearlo.

El instinto hace que los caballos sin domar corcoveen (den saltos en los que arquean violentamente el lomo) en el momento en que sienten algo encima. Todos opinan que los caballos del Oeste son los que mejor, o peor, corcovean del mundo.

El sombrero nunca se cae, ni siquiera cuando lo hace el jinete

La monta de toros se suele considerar el ejercicio más peligroso de los rodeos. Los cebús corcovean (saltan arqueando el lomo) con extremada agilidad y además tienen tendencia a cornear a los jinetes caídos. Los cowboys montan a pelo, sujetando con una mano una cuerda atada al cuerpo del toro, y deben permanecer arriba durante ocho segundos. En la imagen un joven competidor muestra su habilidad, o su carencia de ella más bien, en la monta de novillos, la versión juvenil de la monta de toros.

El jinete tiene que sujetarse a la cuerda con una sola mano

El traje de los payasos del rodeo se toma normalmente de los del circo y también aquí suelen divertir al público en los intervalos. Sin embargo, su papel es mucho más serio e importante. En su habitual condición de antiguos cowboys de rodeo, se dedican a correr delante del toro para distraerlo cuando cae el jinete, pues en la monta de toros siempre cabe la posibilidad de que la mano del jinete quede atrapada en la correa de sujeción.

En el derribo de becerros, un ayudante o guía hace que el animal corra en línea recta hasta que el cowboy pueda saltar de su caballo para coger al becerro por los cuernos y luchar con él hasta derribarlo.

Índice

Agradecimientos

Han colaborado:
La familia Mailhan (Marcel, Pascal, Caroline, Raoul y Jacques), Roger y Louis Galeron y la señora Françoise Yonnet han proporcionado accesorios, animales y modelos para las fotografías de La Camargue, mientras que Céline Carez se ocupó de organizar el viaje. Graham y Karen Aston, BAPTY & Company Ltd., el reverendo Peter Birkett MA, Artistry in Leather de Brian Borrer (sillas del Oeste), Foxhill Stables & Carriage Repository, J. D. Consultancy (agente de la colección JB), Bryan Mickleburgh's American Costumes & Props., Ros Pearson's Avon Western Wear, David Gainsborough Roberts y el Walsall Leather Museum han suministrado accesorios para las fotografías. Pam y Paul Brown de Zara Stud, Peter y Mary Richman de Cotmarsh Horned Pedigree Hereford/Creeslea Aberdeen Angus (Swindon), Sterling

Quarter Horses, Moores Farm de Val Taylor, el Zoo Twycross y The Avenue Riding Centre de Sheila Whelan han suministrado animales y escenarios para las fotografías. Karl Bandy, el reverendo Peter Birkett, Biran Borrer, Pam y Paul Brown, John Denslow, Wayne Findlay, Dave Morgan, Andrew Nash, Helen Parker, Scott Steedman, Francesca Sternberg y J. B. Warriner han servido de modelos.
Bob Gordon, Manisha Patel, Sharon Spencer, Helena Spiteri y Scott Steedman han colaborado en el diseño y el trabajo editorial. Producciones Lucky, S. A., Ginebra, Suiza, han dado su permiso para reproducir imágenes de «Lucky Luke».

Asesores históricos: Graham Aston, Jane Lake y James White

Índice: Lynne Bresler

Modelos: Modelos Gordon

Pinturas mongolas: Ts Davaahuu

Iconografía

s = superior; c = centro; i = inferior;
iz = izquierda; d = derecha

Australian Picture Library, Sydney, 58ciz.
Australian Stockman Hall of Fame, 56cd, 56id.
Bettmann Archive, Nueva York, 40sd.
Bruce Coleman, 36cs, 36ciz, 36ci.
Culver Pictures Inc., Nueva York, 39ic.
© Dorling Kindersley: Bob Langrish, 6-7cs, 13sd, 13csd, 13cid, 13ci, 18-19cs, 19c, 19cd, 50cd; Jerry Young, 40iiz, 40id, 41ciz, 41c; Dave King, 45s, 47cd.
Mary Evans Picture Library, 6siz, 7cd, 7id, 13si, 25id, 31cd, 33cd, 34siz, 51sd, 56iiz, 57sd.
Ronald Grant Archive, 45ic.
Hamlyn Publishing Group (de *The Book of the West*, escrito por Charles Chilton, © Charles Chilton (1961), 60siz.
Guy Hetherington & Mary Plant, 29sd, 35s.

Hulton Deutsche/Bettmann Archive, 45id
Hutchinson Library, 6ciz, 12ciz, 4siz.
Kobal Collection, 21sd, 60iz.
Bob Langrish 10iiz, 10ic, 11siz, 12iiz, 32siz, 33siz, 33sc, 33sd, 34iiz, 34cd, 58iiz, 58id, 59ciz, 59i, 59id, 62iz, 63ciz, 63iiz, 63d.
Del «Dalton Brothers Memory Game», publicado con la autorización de LUCKY PRODUCTIONS, S. A., GINEBRA, SUIZA, 21id.
Western American and Historical Pictures de Peter Newark, 11cid, 12siz, 17iiz, 18iiz, 19ic, 20sd, 26iiz, 28siz, 30ciz, 31id, 37sd, 38siz, 39iiz, 41siz, 41iiz, 42cs, 43ciz, 45cs, 47scc, 58siz, 58sd, 59sc, 59sd, 60sd, 60ci, 60id, 63cd.
Photographic Library of Australia, Sydney: Robin Smith, 29ciz, 56siz; Richard Holdendorp, 57id.
© D. C. Thompson & Co. Ltd., 36iiz.

64